Wir lieben Bücher

Heinrich Mehl / Ursula Wedler /
Rudolf Klinge (Hrsg.)

Wir lieben Bücher

*Über die Leidenschaft für
das gedruckte Wort:
32 Autorinnen und
Autoren erzählen*

ihleo verlag

**Bibliografische Information
der Deutschen Nationalbibliothek**

Die Deutsche Nationalbibliothek verzeichnet diese Publikation
in der Deutschen Nationalbibliografie; detaillierte bibliografische
Daten sind im Internet über http://dnb.d-nb.de abrufbar.

Impressum

© ihleo verlag, Husum 2022

Umschlagentwurf
Selma Goebel, Esgrus / Wippendorf, unter Verwendung einer
Fotografie von © congerdesign / pixabay.com

Gesamtherstellung
ihleo verlagsbüro – Dr. Oliver Ihle
Schlossgang 10, 25813 Husum
info@ihleo.de, www.ihleo-verlag.de

ISBN 978-3-96666-058-7

Inhalt

Bücher haben mich geprägt

Behalten oder weggeben?

Von Märchen und Sagen

Viele Kinder lesen

Vorwort

Kann man Bücher „lieben", kann man sie „hassen"? So weit würde wohl mancher nicht gehen. Vielleicht mag jemand ein Buch sehr, weil ein lieber Mensch es ihm geschenkt hat, weil man den Inhalt sehr schätzt, weil es wunderschöne Bilder enthält, weil der Besitzer mit dem Buch gute Erinnerungen verbindet? Es gibt sicher viele Gründe, ein Buch als wertvoll anzusehen, und genauso viele, ein anderes abzulehnen. Wenn zwei Menschen das gleiche Buch besitzen, werden sie vielleicht zu ganz unterschiedlicher Meinung kommen.

So wird auch die Beurteilung, ob ein Buch „gut" oder „schlecht" sei, ob es für „überflüssig" oder gar für „gefährlich" angesehen wird, von Leser zu Leser anders ausfallen entsprechend ihren Interessen und Wertvorstellungen. In der Schule und während der Ausbildung aber gibt es in manchen Fächern die „Pflichtlektüre", der sich niemand entziehen kann, wenn er/sie den Anforderungen genügen will. Häufig zählen diese Werke nicht unbedingt zu dem, was Jugendliche gerade interessiert. Da muss man sich fügen und die Texte mühsam durcharbeiten.

Und was sagen uns die „Bestsellerlisten", die in der Presse regelmäßig veröffentlicht werden? Dem Begriff nach handelt es sich nur um Bücher, die zur Freude der Autoren und Verlage sehr oft verkauft wurden, ohne sie kritisch zu bewerten. Das behalten sich Literaturkritiker vor, und manches ganz oben auf der Liste stehende Werk fällt dann doch gnadenlos durch.

Die Herausgeber dieses Buches haben versucht, eine Auswahl zum Thema „Wir lieben Bücher" zusammenzustellen. Autoren und Autorinnen aus ganz unterschiedlichen Berufen haben Beiträge dafür geschrieben und so Einblick gegeben, welche Bücher ihnen aus welchen Gründen wertvoll sind, eben Bücher, die sie „lieben".

Ferne Länder –
so nah

Heinrich Mehl

Goethe im Dschungel

1969 bis 1973 lebten meine Frau und ich im westafrikanischen Land Liberia. Vermittelt durch den Deutschen Akademischen Austauschdienst (DAAD) in Bonn unterrichtete ich an der Universität Monrovia deutsche Sprache und Geschichte. Wir waren jung und unternehmungslustig, lernten das Land mit all seinen Schwierigkeiten in vielen Begegnungen mit Fischern, Bauern, Marktfrauen, Hilfsarbeitern, Studenten, Beamten, Handwerkern kennen – und mieden nach Möglichkeit in Westafrika eingesetzte amerikanische und deutsche „Berater", Ärzte, Techniker, Kommunalpolitiker. Uns wurde rasch klar, dass unser „houseboy" mehr afrikanische Kulturgeschichte vermitteln konnte als Krawatte tragende Angehörige der deutschen Botschaft. Ben, so war sein vollständiger Name, betreute mit großer Zuverlässigkeit Küche, Bad, Wohnzimmer und „porch" (Veranda) und war glücklich über die 50 Dollar Monatsgehalt (mehr durften wir nach Monrovia-Tradition nicht zahlen). Nie vergessen werden wir seine tägliche Meldung zum Abschied nach langer Hausarbeit: „I go now, Missi."

Eines Tages erreichte uns ein Schreiben aus dem liberianischen Hinterland. Absender war eine amerikanische Sekte, die „tief im Busch" seit vielen Jahren eine Hilfseinrichtung mit College, Hospital und Kirche betrieb. Im Schreiben war die Rede von einer großen Bücherei mit vielen hundert Bänden, in einer Sprache, die hier niemand versteht. Da man die Bücherregale für sinnvollere Nutzung brauche, biete man den alten Bestand kostenlos an.

Wir fanden das Angebot spannend und erhofften uns auch eine Einführung in die Arbeit US-amerikanischer Missionsstationen. Amerika, vor allem die Südstaaten, sind von afrikanischen Sklaven geprägt. Nach Abschaffung der Sklavenhaltung wurden viele Befreite und deren Nachkommen nach Afrika zurückgeschickt. Dort stießen sie auf die Ureinwohner mit ganz anderen Kulturformen. Der Name „Liberia" hat etwas mit dem lateinischen Wort „liber" = „frei" zu tun. Die Hauptstadt Monrovia ist nach dem amerikanischen Präsidenten James Monroe benannt. Die Fahrt zur Missionsstation war ein wundervolles Ereignis und für unseren VW-Käfer eine Zuverlässigkeitsprüfung. In Liberia gab es damals nur wenige durch das Land führende Straßen: Die einzige mit einem uns vertrauten Teerbelag führte zum Feriensitz des damaligen Präsidenten William S. Tubman. Uns stand eine Fahrt auf einer für Liberia typischen Landstraße bevor: einspurig, dichter Belag aus rotem Sand, links und rechts eingerahmt von tropischem Wald, ohne Verkehrsschilder, ohne Rastplätze. Die Autos wirbelten den Sand hoch, so dass man entgegenkommende Fahrzeuge erst sehr spät bemerkte. Das Befahren, vor allem durch Lkws, hatte dem Belag eine wellenartige Oberfläche verschafft – fuhr man zu langsam, wurde man von Welle zu Welle getrieben; erst ab Tempo 90 entwickelten die Räder das notwendige „Schweben", der Wagen rollte gleichmäßig. Das hohe Tempo machte es notwendig, besonders aufmerksam auf die vor uns liegende Strecke zu schauen. Nicht selten hatte ein Fahrzeug einen Reifenschaden, der Fahrer ging zu Fuß 50 Meter zurück und warf einen grünen Zweig als Warnung auf die Straße.

Wir wagten einmal eine Ruhephase, ließen das Auto in einer etwas breiteren Kurve stehen. Während wir noch überlegten, ob in diesem Dschungel Menschen leben könnten, hörten wir ein Kichern; wir blickten durch das Gestrüpp auf einen versteckten kleinen See und sahen Mädchen, die nackt im dunkelgrün leuchtenden Wasser herumtollten – ein wunderbares Bild, zu schön, um es mit meiner Kamera, die ich stets bei mir trug, einzufangen und den Zuhausegebliebenen stolz zu zeigen.

Der Besuch der christlichen Missionsstation war weniger romantisch. US-amerikanische Führungskräfte saßen in einem Büro zusammen, liberianische Helfer fegten den Boden, strichen einen Schuppen an – und begleiteten uns zur „Bibliothek" im Dachstuhl eines Gebäudes. Neben christlicher Literatur steckten in langen Regalen hunderte von Büchern in schönen Einbänden, mit Goldschnitt und fein gewebten Lesezeichen. Wir griffen nach einigen Bänden und waren überrascht und, sollten wir diese Bücher übernehmen dürfen, auch beglückt: Versammelt war hier deutsche Dichtung der letzten 300 Jahre, bedeutende Lehrbücher und Lexika. Ich griff nach „Gesammelten Werken" von Goethe und Schiller, von Heinrich Heine und Fritz Reuter, meine Frau wiederum wuchtete aus den Regalen einen 1854-seitigen (!) Duden und Georg Büchmanns „Geflügelte Worte" aus dem Jahr 1903, „dem Deutschen Kaiser und König von Preußen Wilhelm II. in tiefster

Ehrfurcht zugeeignet". 1894 war „Ekkehard" von Victor von Scheffel mit einem aufwendigen rot-goldenen Einband erschienen, die lange Liste heute vergessener Titel reichte von Georg Ebers „Eine Aegyptische Königstochter" von 1880 bis zu Graf von Schacks „Weltmorgen".

Beim hastigen Durchsehen der Bücher fielen uns kleine, gedruckte Aufkleber mit Namen und Adresse deutscher Buchhandlungen in New York auf (z. B. „Westermann & Co. Broadway 838"). Begeistert habe ich in diesem Zusammenhang das Buch „Robinson Crusoes Reisen, wunderbare Abenteuer und Erlebnisse" in die Hand genommen, 1899 im Leipziger Verlag Otto Spamer mit romantischen „Farbendruckbildern" erschienen. Victor von Scheffels „Ekkehard" besaß gleich zwei solcher „Stempel": „Library of Geo. A. Katzenberger No. 491" und „Schroeter & Thielecke, Books & Stationary, 815 Third Street Milwauky". Bei einer Reihe von Büchern stießen wir auf die handschriftliche Nennung von deutschen Namen, jeweils auf Seite 1 links oben gesetzt. Es gab „Shakespeares Werke" in deutscher Übersetzung, handschriftlich mit dem Namen „R. Niemöller Erwitte" versehen. Je mehr wir solchen Funden nachgingen, desto wahrscheinlicher wurde unsere Annahme: In den USA kam es um 1900 zu Büchersammlungen in privaten Haushalten oder in Vereinen, Kirchenkreisen, öffentlichen Büchereien; die zusammengehörenden Bestände wurden per Schiff nach Liberia gebracht, wahrscheinlich mit Wagen ins Hinterland transportiert und der Missionsstation übergeben, gedacht als Geschenk für die afrikanischen Stämme der Region. Nicht bedacht hatte man, dass im Dschungel von Liberia niemand Deutsch spricht. So lagerten über ein Jahrhundert im Dachgeschoss eines Missionshauses zahllose Beispiele deutscher Kultur und Geschichte, ungelesen, gut erhalten.

Wohl ein Dutzend Mal machten wir den Weg von den Bücherregalen zu unserem parkenden VW. Wer sich an den „Käfer" erinnert, weiß von den bescheidenen Maßen, die wir nutzen konnten. Mit viel Geduld füllten wir die Fußböden des Wagens, stapelten Bücher bis an die Decke. Mit Blick auf den Himmel, der sich, wie in den Tropen üblich, bald verdunkeln würde, machten wir uns an die Rückfahrt. Ein schmales Sträßchen, roter Sand auf gewelltem Boden, Blick auf den endlos scheinenden Gürtel aus tropischen Bäumen – dies war uns vom Vormittag her vertraut. Neu war ein plötzliches Rattern der Karosserie des VW, ein Krachen des Bodenbleches, gefolgt von einem schlingernden Kurs. Wir hielten verdutzt an und blickten auf eine Auto-Rückseite mit reduziertem Buch-Bestand – das so robuste Gestell unseres Autos war durchgebrochen und hatte zu dicht gelagerte Bücher auf etwa 100 Metern verstreut. Niemand war da, um uns zu helfen, wir reparierten laienhaft den Schaden – das Aufsammeln der Bücher im roten Sand schafften wir nicht mehr.

„Armer Goethe", meinte meine Frau erschöpft, „jetzt bleibst du im Dschungel."

Claudia Naumann-Unverhau

Der versteckte Roman

Dass ich das Buch „liebe", kann ich nicht sagen, dazu ist das Thema, das in Form eines Romans behandelt wird, viel zu ernst. Es erschüttert vielmehr und hat mich nachhaltig beeindruckt. Franz Werfels Roman „Die 40 Tage des Musa Dagh" macht auf einen Abschnitt der Geschichte aufmerksam, der auch heute noch in vielen unserer Geschichtsbücher mit nur wenigen Zeilen, wenn überhaupt, gestreift wird: das Schicksal der Armenier in der Türkei während des Ersten Weltkrieges.

In den 1960er Jahren besuchte ich das Deutsche Gymnasium in Istanbul. Meine Klassenkameraden waren Deutsche, deren Väter meist für deutsche Firmen in der Türkei oder im diplomatischen Dienst tätig waren. Aber ich hatte auch viele türkische Klassenkameraden und griechische, jüdische und armenische Mitschüler, mit meist türkischer Staatsbürgerschaft.

Geschichtsinteressiert wie ich war, verschlang ich im Alter ab 14 Jahren jeden historischen Roman, den ich in die Finger bekam, Ranke-Graves „Ich, Claudius, Kaiser und Gott" über den römischen Kaiser Claudius oder „Eine Säule aus Erz" über den Politiker und Schriftsteller Cicero von Taylor Caldwell. Aber die Geschichte dieser Figuren lag bald 2000 Jahre zurück. Das Näherliegende war spannender.

Die gemischte Klassengemeinschaft

Warum hatte ich eine so bunt gemischte Klassen-
gemeinschaft? Griechen, das war klar – war doch
Istanbul bis zur Eroberung durch die Osmanen 1453
Byzanz, dann *Konstantinopel*, die Hauptstadt des
Oströmischen Reiches, gewesen. Da wir Kinder in der
deutschen Botschaftsschule in Istanbul aus allen Re-
gionen Deutschlands stammten, hatte unser Heimat-
kundelehrer, der ja laut Lehrplan die „Geschichte und
Kultur der Region" durchnehmen sollte, beschlossen:
Unsere Wahlheimat ist Istanbul. Wir zeichneten die
Stadtmauer und den Galata-Turm, lag er doch unmit-
telbar neben unserer Schule, und wurden mit unserer
Heimatstadt bestens vertraut. Außerdem war unser
Hausmädchen Aphrodite Griechin, Tochter eines Fi-
schers, deren Familie schon im alten Konstantinopel
Fischerei betrieben hatte und die ihren griechischen
Pass immer verlängern ließ. Das wurde der Familie in
der Zypernkrise zum Verhängnis, und sie wurde aus-
gewiesen.

Der Großvater einer jüdischen Mitschülerin hatte eine deutsche Buchhandlung an der Hauptstraße.
Er hatte schon 1933 das Elsass verlassen und sich in
der Türkei eine neue Existenz aufgebaut. Richtig ein-
ordnen konnte ich das dann im späteren Geschichtsunterricht. Aber die Armenier? Unser Vermieter war
Armenier, das wusste ich, und im Bazar gehörten
die schönsten Juwelier- und Kunstschmiedegeschäfte
häufig Armeniern, kenntlich daran, dass viele Namen
auf die Endung „-ian" lauteten, wie auch der Nachna-
me von Garabet, der im Schulorchester so wundervoll
Cello spielte.

Hinter dem Bücherregal

Es kam die Zeit, in der die Kinderbücher langweilig wurden, auch die Karl-May-Phase war nach ca. 30 Bänden vorbei. Das elterliche Bücherregal musste herhalten: Gesamtausgaben von Schiller und Goethe, viele Bände Thomas Mann, Zuckmayer, Böll, Schullektüre. Viel spannender war, was in der zweiten Reihe versteckt war und von uns jungen Mädchen wohl nicht gefunden werden sollte. Meine Schwester entdeckte D'Annuncio, ich Alberto Moravia, einen italienischen Literaturpreisträger. Wir hatten vorher sieben Jahre in Rom gelebt, klar, dass so auch italienische Schriftsteller ins Haus gekommen waren. Und warum das Buch Moravias über eine Römerin nicht in meine Hände fallen sollte, wurde mir schnell klar: nicht jugendfrei. Und dann fand sich da noch ein von außen recht unscheinbares blaues Buch in zwei Bänden: Franz Werfels „Die vierzig Tage des Musa Dagh". Interessant war schon das Deckblatt. Dort fand sich der Name meines Onkels Hans, und es war ein verbilligter Sonderdruck für deutsche Kriegsgefangene von 1945, „Manufactured in the USA". Was sollten deutsche Kriegsgefangene lesen, und weshalb stand das Buch nicht vorn?

Die ersten Seiten machten klar, dass der Roman in Konstantinopel und in der Südosttürkei spielen würde, und er begann im Jahr 1914. Gabriel Bagradian kommt auf Wunsch seines viel älteren, kranken Bruders, eines Istanbuler armenischen Welthandelskaufmanns, nach 23 Jahren in Europa mit seiner französischen Frau Juliette und seinem 13-jährigen Sohn Stephan nach Stambul (Istanbul). Der Bruder ist aber inzwischen über Beirut, Aleppo und Antiochia (Antakya) in sein armenisches

Heimatdorf Yoghonoluk am Abhang des Musa Dagh, also des nach Moses genannten Berges, weitergereist und stirbt dort, legt vorher aber dem Bruder das vom Großvater gebaute Haus im Heimatdorf ans Herz, in dem ja auch Gabriel Bagradian aufgewachsen ist.

Sechs armenische Dörfer mit ihren christlichen Kirchen (die Armenier hatten als Erste in der Geschichte im Jahr 301 das Christentum als Staatsreligion angenommen) liegen am Fuße des Berges. Die Bagradians, die dem Bruder nach Beirut gefolgt sind, erhalten dort nicht nur die Nachricht vom Tod des Bruders, sondern erfahren auch, dass der Erste Weltkrieg ausgebrochen ist. An eine Rückkehr nach Frankreich ist nicht mehr zu denken. 1907, während der Wirren auf dem Balkan, war Gabriel Bagradian als osmanischer Staatsbürger zum ottomanischen Reserveoffizier eines Artillerieregiments ausgebildet worden. Die Familie beschließt, die sich zuspitzende politische Lage im Familiendomizil in Yoghonoluk zu beobachten und auszusitzen.

Schon die erste Seite nahm mich sofort für das Buch ein: Gabriel Bagradian steht am Fuße des Musa Dagh und beschreibt die Frühlingslandschaft an den Abhängen des Berges: Felder roter Riesen-Anemonen bis in die Ebene von Antiochia, das zurückhaltende Weiß der Narzissen, eine aufblühende Landschaft, wie ich sie von unseren Osterfahrten durch Anatolien kannte und liebte. Dann die Beschreibung des großen Familienanwesens neben der Kirche und die des Dorfes und Dorflebens.

Es blieb meinen Eltern nicht verborgen, dass ich Werfels Roman gefunden hatte und las. Ich durfte den Roman weiterlesen, musste aber versprechen, mit niemandem darüber zu reden, keinesfalls mit Freundinnen oder Klassenkameraden. Fragen sollte ich nur an die Eltern stellen. Ich hielt mich daran. Es sei ein Buch, das in der heutigen Türkei nicht gelesen werden sollte, es sei ein sehr sensibles Thema auch in der heutigen Republik, weil es die Deportation der armenischen Bevölkerung und ihre schlimmen Folgen während des Ersten Weltkriegs, ein Tabuthema hier, behandele. Wohl deshalb war es also hinter Schillers gesammelten Werken versteckt worden. Tatsächlich hatte der damalige türkische Ministerpräsident dieses Buch schon 1934 auf den Index der verbotenen Bücher gesetzt. Dass sein Enkel einer meiner Klassenkameraden war, wusste ich damals nicht. Heute weiß ich, dass Franz Werfels Roman, den dieser 1932/33 geschrieben hat, auch in Deutschland schon 1933 auf die Liste der verbotenen Bücher gesetzt worden war, auf Druck der türkischen Regierung in Ankara wegen „Gefährdung der öffentlichen Sicherheit und Ordnung".

Das Schicksal von Stephan

Das erste Mal las ich das Buch auf Spannung. Wenig älter als die literarische Figur Stephan Bagradian nahm ich regen Anteil an seinem Gefühlsleben und Handeln.

Der 13-Jährige ist dabei, als sich die armenische Dorfbevölkerung unter Führung seines Vaters, der vom geplanten Vernichtungszug gegen die Armenier erfahren hat, mit knapp 4000 Personen in einer Nacht- und Nebelaktion auf dem Musa Dagh verschanzt, um Widerstand zu leisten.

Die vielen Scharmützel und Kampfberichte überschlug ich. Aber als Jugendliche ausgewählt werden, die ein Schreiben mit einem Hilfegesuch an französische, amerikanische und italienische Kriegsschiffe nach Aleppo bringen sollen, stieg ich wieder ein. Denn einer der Jugendlichen ist Stephans Freund Haik. Stephan, von seinen Eltern, die mit ihrem Gefühlsleben und organisatorischen Dingen abgelenkt sind, ziemlich unbeaufsichtigt, gelingt es, Haik zu finden. Gemeinsam machen sie sich auf den Weg nach Aleppo. Stephan überlebt die Aktion nicht, als vermeintlicher Spion wird er gefangen genommen und getötet, der Leichnam zu seinen Eltern auf den Musa Dagh geschickt. So geheult hatte ich davor das letzte Mal bei Winnetous Tod.

Ich überschlug die nächsten Seiten. Nur noch das Ende des Romans interessierte mich. Können wenigstens einige Dorfbewohner vom Berg gerettet werden? Ein britisch-französischer Flottenverband nimmt schließlich die Eingeschlossenen an Bord, doch der Vater, Gabriel Bagradian, bleibt zurück und wird am Grab seines Sohnes von einer türkischen Kugel getroffen. Das Buch wanderte schnell wieder in die zweite Reihe hinter den „Schiller".

Die Soldatengräber im großen Park von Tarabya

Kurz vor Schuljahrsende fanden auch in Istanbul immer die Bundesjugendspiele statt, an denen auch unsere Schule teilnahm. Austragungsstätte war die Sommerresidenz der deutschen Botschaft in Tarabya, gelegen in einem großen Park, der sich die Anhöhen des Bosporus hinaufzieht. Dort gab es freie Flächen für eine Weitsprunggrube und eine Aschenbahn für den 100-m-Lauf. In der Wartezeit zwischen den Disziplinen konnte man wunderbar in dem großen Park herumstreunen. Mich zog es auf die Anhöhe mit Blick auf den Bosporus, wo sich deutsche Soldatengräber befinden. Dabei ist auch das Grab des Freiherrn von der Goltz. Von früheren Spaziergängen mit meinen Eltern wusste ich, dass der deutsche Offizier im Osmanischen Reich als Militärberater gewirkt hatte und den Titel Pascha, einen hohen türkischen militärischen Rang, trug.

Inzwischen war ich in der Oberstufe. Das Thema im Geschichtsunterricht war: „Die Zeit der Weltkriege". Viel erfuhren wir da nicht von den deutsch-türkischen Beziehungen. Den Bau der Bagdad-Bahn, die Auflösung des Bismarck'schen Bündnissystems im Vorfeld des Ersten Weltkrieges und dass in diesem Krieg das Osmanische Reich auf der Seite der Mittelmächte gekämpft hatte als (außer dem kleinen Bulgarien und natürlich Österreich-Ungarn) nahezu einziger Verbündeter des Deutschen Reiches. Da erfuhr ich nichts Neues. Bei einem Besuch der antiken Stadt Troja, am Eingang der Dardanellen gelegen, war ein alter, türkischer Mann auf uns zugestürzt und hatte von der deutsch-türkischen Waffenbrüderschaft, damals siegreich vor Gallipoli, geschwärmt, und ich hatte dann den dtv-Atlas studiert. Der deutsche Lehrplan wurde exekutiert, aber was für ein Istanbuler Mädchen eigentlich viel spannender gewesen wäre, von der jungtürkischen Nationalbewegung etwa, von Enver Pascha und Talaat Pascha, erfuhren wir nichts. Darauf ging der junge deutsche Studienrat nicht ein. Deutsche Schüler und Schüler mit türkischer Staatsbürgerschaft hatten damals an unserer Schule getrennten Geschichtsunterricht. Der türkische wäre für mich viel spannender gewesen. Und nun las ich den „Musa Dagh" zum zweiten Mal. War es „nur" ein Roman, oder stimmten die historischen Fakten?

„1916" als Todesdatum hatte ich auf von der Goltz Paschas Grab auf der Anhöhe von Tarabya gelesen. Er lebte also damals in der Türkei. Was wussten die deutschen Obersten und Generale von den Deportationen und Massakern an den Armeniern? Hatten sie denn nicht versucht, sie zu verhindern? Wie stellte Werfel diesen Zusammenhang dar?

Der zwölfbändige Brockhaus gab Auskunft: Von der Goltz starb im April 1916 im Hauptquartier in Bagdad. Dass er von den Vernichtungsmärschen in die Mesopotamische Wüste nichts mitbekommen haben sollte, war höchst unwahrscheinlich. Als ihm Enver Pascha im März 1915 den Plan vorlegte, die Armenier dorthin umzusiedeln, hatte er zugestimmt.

Generalleutnant Liman von Sanders, der den Oberbefehl über die 5. Osmanische Armee auf der Halbinsel Gallipoli hatte, hatte immerhin bewirkt, dass die Armenier im Distrikt um Smyrna (Izmir) der Deportation entgingen. Bei der erneuten Lektüre des Romans fand ich nun einen ganz neuen Helden, mit dem ich mitlitt und kämpfte: den Pastor Johannes Lepsius.

Als junger Mann hatte der Sohn eines Ägyptologen eine Pfarrstelle in Palästina angenommen und war dort mit den Auswirkungen früherer Pogrome gegen die christlichen Armenier konfrontiert worden. Schon 1896 kümmerte er sich mit seinem Armenischen Hilfswerk um die Überlebenden, meist Frauen und Kinder. Nun, 1915, schildert Werfel dessen verzweifelten Kampf, die Massaker zu stoppen und die Deportationen zu verhindern.

Wichtiger Schauplatz ist wieder meine Heimatstadt Istanbul: Lepsius bekommt endlich einen Termin im Seraskeriat, dem Kriegsministerium, bei Kriegsminister Enver Pascha. Als er übers Goldene Horn will, ist ausgerechnet die Brücke ausgefahren, um ein Kriegsschiff durchzulassen. In einem Kayik (Boot) lässt er sich hinüberrudern, hetzt durch die Gassen hinauf zum großen Seraskerturm, kommt doch zu spät und muss dann weiter ins Serail, um den Kriegsherrn zu treffen. Er hat von armenischen Freunden mit auf den Weg bekommen: „Moralisieren Sie nicht, das lockt bei diesen Leuten nur Hohn hervor. Drohen Sie mit der Wirtschaft!" Lepsius zieht alle Register, weist auf die Bedeutung des armenischen Handels hin, schildert dann doch die grässlichen Vorgänge in der Osttürkei: „Machen Sie ein Ende, heute!" Am aalglatten Enver prallt alles ab. Jetzt hilft nur noch beten. Der Autor Werfel griff bei der Schilderung dieser Audienz auf Aufzeichnungen von Lepsius darüber zurück.

Den Seraskerturm aus der Zeit Mahmuds II. und das Serail sah ich beim Lesen von meinem Kinderzimmerfenster aus und kannte beide gut von Sonntagsausflügen. Eine Bootsfahrt übers Goldene Horn in einem überfüllten Kayik wagte ich mit einer Freundin bei einem heimlichen Abenteuerspaziergang durch die Stadt.

Ich folge meinem Helden bei seinem Besuch beim armenischen Patriarchen, dem er gesammelte Hilfsgelder überreicht, und in ein Tekke (Derwisch-Kloster) vor der Stadtmauer, wo er freundlich angehört wird und erkennt, dass nicht jeder so denkt wie die Paschas Enver und Talaat. „Wissen Sie, dass die wahren Türken die armenische Verschickung noch heftiger verwerfen als Sie?" Viele türkische Familien hätten auch armenische Waisenkinder adoptiert, erfährt Lepsius. Später recherchierte ich: Talaat Bey wurde, als er sich nach dem verlorenen Krieg in Berlin versteckte, von einem armenischen

Studenten erschossen. Der Attentäter wurde, auch unter dem Eindruck von Lepsius' Berichten, freigesprochen.

Ich begleite den Pastor Lepsius durch die Grand Rue de Pera, meinen täglichen Schulweg, bis zur deutschen Botschaft, wo er unermüdlich immer wieder vorstellig geworden ist. Dort und auch in Berlin blieben seine Bemühungen nahezu erfolglos. Man will auf den Verbündeten im Ersten Weltkrieg nicht verzichten müssen. In der Botschaft, zu meiner Zeit Generalkonsulat, in einem Saal unter einem riesigen Ölgemälde Wilhelms II. hatte ich bald darauf meine mündliche Abiturgeschichtsprüfung, die mit der Frage begann, ob ich denn den Herrn auf dem Bild erkennen würde. – Pastor Lepsius führte nach dem Krieg sein Hilfswerk mit Waisenhäusern in Syrien und im Libanon und mit Flüchtlingsheimen für Armenier fort.

In Istanbul werkelten die Damen der deutschen Kolonie für den jährlich stattfindenden Weihnachtsbasar, dessen Erlös einem guten Zweck in Istanbul zugeführt werden sollte. Ich freute mich, dass es um die Unterstützung von armenischen Waisenhäusern ging, aber, um das möglich zu machen, auch um Unterstützung von türkischen Polizeiwaisen. Meine Mutter und mit ihr befreundete Damen schneiderten zudem mit Unterstützung einer Schneiderin Trägerröckchen aus einem wunderbar haltbaren, karierten schottischen Kiltstoff für alle Mädchen des Waisenheimes. Da noch sehr viel Stoff übrig war, bekamen auch ich und andere Töchter einen „Waisenhausrock" aus dem Stoff. Ich trug ihn erst etwas geniert, dann mit Stolz.

Tanzstunde hatten wir im Gemeindesaal der deutschen evangelischen Kirche bei einem schmucken Botschaftsrat. Da es an tanzwilligen jungen Herren in der deutschen Kolonie fehlte, durften Jugendliche aus der benachbarten evangelisch-armenischen Kirche teilnehmen. Dass ein evangelischer armenischer Pfarrer auch im Dorf Yoghonoluk am Musa Dagh eine Rolle gespielt hatte, wurde mir da wieder bewusst.

Kleinasien im Mittelalter

Die armenische Geschichte hat mich nicht losgelassen. Im Studium interessierte ich mich für die Geschichte Kleinasiens im Mittelalter: Das Gebiet des Dorfes Yoghonoluk, aus dem Werfels Hauptpersonen, die Bagradians, stammten, gehörte im 12. Jahrhundert zum Königreich Kleinarmenien und war einst von einer Nebenlinie der armenischen Bagratiden begründet worden. Werfel wählte deshalb diesen Namen für seine Protagonisten. Fürst Leo von Kleinarmenien bat den deutschen König und römischen Kaiser, den Staufer Heinrich VI., ihn als Lehnsmann des Reiches anzunehmen. Heinrich kam seiner Bitte nach, schickte ihm tatsächlich eine Königskrone und stärkte so seine Vorherrschaft im östlichen Kilikien. Damals war es Leo um den Schutz vor dem Kaiser von Byzanz und um Stärkung seiner Position im Nahen Osten gegangen. Gleichzeitig versprach er Leo für sein Reich die Kirchenunion mit Rom. Die Osmanen eroberten das Gebiet unter Sultan Selim I. Anfang des 16. Jahrhunderts.

Bald gibt es ein Klassentreffen zum 50. Jahr unseres Abiturs an der deutschen Schule. Wahrscheinlich werde ich auch jetzt das Thema nicht ansprechen. Ob einer der Klassenkameraden Werfels „Musa Dagh" gelesen hat, weiß ich bis heute nicht. Aber den deutschen Schulbüchern im Fach Geschichte habe ich immer noch ein weiteres Kapitel beim Abschnitt „Die Zeit der Weltkriege" im nun eigenen Geschichtsunterricht hinzugefügt.

Werner Tippel

Der Buchdrucker

Der Buchdrucker ist derjenige an der Druckmaschine, der sogar nach dem Korrekturlesen und nach erfolgter Maschinenkorrektur noch die allerletzten Fehler nach erfolgtem Andruck und „Standmachen" entdecken muss, soll und kann. Der Buchdrucker ist es, der das Wort erst auf das Papier bringt. Seit Jahrhunderten ist er es, der zum Beispiel Dichtung überhaupt erst sichtbar macht! Ohne Buchdrucker kein Goethe. So viel steht schon mal fest!

Ihm sei für seine Kunstfertigkeit Dank und Ehrerbietung!

Buchdrucker waren in der Vergangenheit hochangesehene Menschen, die in der Öffentlichkeit sogar einen Degen tragen durften. Das hätte sich mal ein Schuhmacher erlauben sollen!

Die Buchdrucker waren – wie alle anderen Handwerker jener Zeit – streng nach Zünften organisiert, was seit dem Mittelalter der Wahrnehmung ihrer gemeinsamen Interessen diente. So zumindest ist es bei Wikipedia nachzulesen. Der Buchdruck förderte nicht nur ungemein die Verbreitung des niedergeschriebenen Textes, sondern trug dazu bei, was eigentlich noch viel wichtiger ist, schlagartig das Bildungsniveau des „gemeinen Volkes" zu erhöhen. So manchem Landesfürsten passte das zwar nicht, doch war dieser Trend nicht mehr aufzuhalten; nicht zuletzt war das gedruckte Buch nun endlich preislich erschwinglich. Das kam anfangs hauptsächlich Martin Luther zugute, der bekanntlich die Bibel aus dem Lateinischen ins Deutsche übersetzt und dabei die deutsche Sprache weiterentwickelt hat. Die unermüdlich abschreibenden und malenden Mönche wurden nach und nach arbeitslos. Bis zum industriell gefertigten Buch war es jedoch noch ein weiter Weg.

Doch was ist denn eigentlich ein Buch? Woraus besteht es? Wie ist es beschaffen? Wir denken gar nicht mehr darüber nach, was wir da eigentlich in den Händen halten. Aus welchen Bestandteilen besteht ein „richtiges Buch"?

Wir als angehende Buchdrucker in den 1960er Jahren mussten alle Einzelteile benennen und sogar die Lebensdaten unseres Übervaters Gutenberg hersagen können (1400–1468). Totes Wissen anhäufen, nennt man das heutzutage. Bevor das Offsetdruckverfahren (das ist ein indirektes Flachdruckverfahren) so richtig Fahrt aufgenommen hatte, muteten die Arbeitsmittel des Buchdruckers tatsächlich noch spätmittelalterlich an: Wir hantierten mit Bleibuchstaben, Regletten, Stegen und Reinigungsflüssigkeiten, die dem heutigen Menschen zumindest ein verständnisloses Kopfschütteln entlocken würden. Sodann gab es Stege zum Ausfüllen größerer Zwischenräume in der Druckform aus Aluminium oder Stahl. Dieses Sammelsurium aus verschiedenen Metallen machte jede Druckform zu einem echten Schwergewicht, das ein einzelner Drucker manchmal nicht in die Druckmaschine heben konnte, sondern einen Kollegen dazubitten musste.

Die Druckmaschine selbst war (ist?) ein tonnenschweres, manchmal mehr als zwei Meter hohes Ungetüm, das mit Stellschrauben, Justiermuttern, Hebeln und Tasten regelrecht gepflastert war. Wehe, man übersah oder vergaß eine Einstellung, bevor man die Maschine für einen Andruck erstmalig in Betrieb setzte! Das konnte schwerwiegende Folgen haben!

Der Gipfel der absurden Abgrenzung gegenüber dem Rest der Welt war das typografische Maßsystem. Das gebräuchliche metrische System war anscheinend nicht ausreichend, also rechneten wir in Punkt, Cicero und Petit. In der Berufsschule konnte uns auch der Lehrer die Frage nach dem Warum nicht befriedigend beantworten – nur, dass es damals (ca. 1967) bereits Kritik an diesem System gegeben haben soll.

Waren dann irgendwann alle Druckvorbereitungen abgeschlossen und ein allerletzter Korrekturabzug vom Schriftsetzer-Meister abgesegnet, konnte schließlich der Fortdruck, also der Druck der Auflage, beginnen. Während der Buchdrucker auf den Korrekturabzug wartete, war er gut beraten, die Maschine im Leerlauf zu halten, damit die Druckfarbe sich auf den Druckwalzen verteilen konnte, die Walzen warmgehalten wurden und er letzte Einstellungen an den sogenannten „Zonenschrauben" vornehmen konnte. Sie regelten, wie stark und in welcher Verteilung die Druckfarbe auf die verschiedenen Farbwalzen aufgetragen wurde. Dieser Vorgang erforderte eine ungemeine Sorgfalt, denn jedes Papier, das es zu bedrucken galt, reagierte anders auf den jeweiligen Farbauftrag.

Irgendwann steckte der betreffende Schriftsetzer seinen Kopf durch die Tür zur Druckerei und brüllte: „Hau rein und lass es krachen!" Als Buchdrucker betätigte man dann den Hauptsteuerhebel und sprang gleichzeitig an die Auslage, um die allerersten Druckbögen abzufangen, denn sie trugen oft noch zu viel Druckfarbe. Je nach Auflagenhöhe versuchte nun der Drucker, die Druckgeschwindigkeit so weit zu steigern, wie es das zu bedruckende Papier zuließ. Je höher die Druckgeschwindigkeit, desto lauter donnerte die Maschine. Druckmaschinen waren damals laut, sehr laut sogar. Gehörschutz war in diesem Gewerbe noch nicht üblich.

Die gebräuchlichsten Druckmaschinen waren einmal der „Original Heidelberger Tiegel" mit einem Gewicht von 1,3 Tonnen und der „Heidelberger Druckzylinder" mit drei Tonnen Gewicht. Es gab damals auch vereinzelt Firmen, die die DDR-Maschinen von „Planeta" einsetzten. Meines Wissens konnte sich dieser Hersteller bundesweit nicht so recht durchsetzen.

Doch was druckte der Buchdrucker?

Bücher waren da eher die Ausnahme. Hauptsächlich war er mit reinen Geschäftsdrucksachen beschäftigt, als da waren Briefpapier, Karteikarten, Flyer (früher „Handzettel" genannt) und vieles mehr. Ein anderer Bereich waren die Privatdrucksachen, wie Trauerbriefe und -karten, Einladungen zu größeren Familienfeiern, privates Briefpapier etc. etc.

Bärbel Hoffmann

Mein australischer Traumfänger

Ein nicht sehr dickes Buch hat mich von 1996 bis 2017 begleitet – doch nach einer Recherche änderte sich das. Ich las 1996 besagtes Buch erstmals, das ganz schnell schon während des Lesens zu einem meiner Lieblingsbücher wurde, mit wachsender Begeisterung. Der schlicht-schöne Titel allein sprach mich schon an. Nachdem ich es gelesen hatte, habe ich immer wieder von diesem Buch erzählt oder es an gute Freunde verliehen (immerhin über 20 Jahre lang). Das Original kam 1994 zu den amerikanischen Lesern, bevor es auch hier den Markt eroberte. Um nun niemanden länger auf die Folter zu spannen: Das Buch heißt schlicht „Traumfänger" und wurde von Marlo Morgan bereits Anfang der 1990er Jahre geschrieben – bis es mir dann 1996 in die Hände fiel. Der Untertitel ist bezeichnend: „Die Reise einer Frau in die Welt der Aborigines".

Ich muss hier aufschreiben, warum ich das Buch förmlich verschlungen habe: Die kalifornische Ärztin Dr. Morgan, die Autorin, hatte in Sydney mit australischen Kollegen zusammengearbeitet und sich in dem Jahr ihres Aufenthalts obendrein öffentlich für die Rechte der Aborigines eingesetzt. Nun ist sie wieder in Australien, wieder in Sydney, weil sie eine Einladung der Aborigines erhalten hat – sie soll geehrt werden.

Und weil sie sich wirklich sehr geehrt fühlt, macht sie sich für diesen Anlass fein. Die elegante Kleidung ergänzt sie mit ihrem einzigen Schmuckstück, einer Perlenkette. Sie lässt sich dann ihre Enttäuschung nicht anmerken, als zur vereinbarten Zeit statt des erwarteten roten Teppichs ein staubiger Jeep mit einem ebenso staubigen, jungen Aborigine vor dem Hotel auf sie wartet. Mit gemischten Gefühlen steigt sie ein, und nach einer wilden Fahrt über Stock und Stein scheint das Ziel erreicht.

Sie soll eine Gruppe von Aborigines nun als Dank für ihren Einsatz auf ein Walkabout durch das Outback begleiten! Man will ihr zeigen, wie der Stamm lebt und vor allem überlebt nach der Maxime, alles von Mutter Erde anzunehmen, aber immer etwas für sie übrigzulassen. Danach ist die Ärztin für drei Monate wie vom Erdboden verschluckt. Die Kollegen in Australien wissen nichts von diesem Trip, die Kalifornier wähnen sie noch in Sydney, also vermisst sie, die zurückgezogen lebt, niemand.

Die Erfahrungen, die die Protagonistin macht, haben mich berührt. Ihre Kleidung wird zu einem Häuflein Asche, ihr einziger Schmuck, die bewusste Perlenkette, landet irgendwo dazwischen. Nackt wie die Ureinwohner steht sie da – und dann machen sich alle auf den Weg. Nichts Menschliches, teils sehr Intimes lässt die Autorin aus. Die Würde dieser Menschen beeindruckt sie – und mich – grenzenlos. Also schreibt sie über ihre Erfahrungen ein wunderbares Buch.

Vor Kurzem nun las ich über einen kleinen Literaturkreis, der sich „Bücherwurm trifft Bücherwürmer" nennt, traf die Initiatorin und fragte, ob ich einmal dabei sein könne – und erzählte spontan von diesem Lieblingsbuch. Weil ich nachmittags nun zu diesem Kreis stoßen wollte und meinen „Traumfänger" vorzustellen gedachte, wollte ich mich kurz informieren, ob meine Autorin überhaupt noch lebt. Hätte ich vielleicht nicht tun sollen – im Internet erfährt man manchmal Dinge, die man gar nicht wissen möchte. Nach der Lektüre eines Beitrags dort stand der Nachmittag für mich unter einem schlechten Stern. Sollten alle Erlebnisse von Dr. Morgan Fiktion sein? Ausgedacht um des schnöden Mammons willen? Ich las, dass auch die Aborigines Zweifel am Wahrheitsgehalt des Buches über ein Walkabout mit einer Gruppe ihrer Landsleute geäußert hatten, zumal schon der Titel schlecht gewählt sei, da es ja nicht um Amerika, wo der titelgebende Traumfänger ein indianisches Kultobjekt ist, sondern schließlich um Australien und seine indigene Bevölkerung gehe – von denen übrigens nur noch 500.000 dort leben, drei Viertel von ihnen in Städten. Die Überlebensgeschichte der Aborigines ist kein ruhmreiches Kapitel für die Australier.

Die Darstellung der Aborigines und ihres Lebens im Buch wurde bereits damals vehement abgelehnt. Morgan beschreibe viele Dinge wie Ornamente, Instrumente, Kochutensilien, Zeremonien, Landschaften, soziale Bindungen und Kleidung, deren Existenz keiner bekannten australischen Kultur zugeordnet werden konnte. Aber ich unbedarfte Leserin, nicht bewandert in der Kultur dieser erdverbundenen Menschen, sog alles begierig auf. Natürlich fiel mir nicht auf, dass meine Heldin nach der Rückkehr aus dem Outback mit einem Vierteldollar in die USA telefonierte, den es in Australien zu der Zeit gar nicht gab. Und gereicht hätte das Geldstück wohl sowieso nicht. Sogar eine Verfilmung des Buches war seinerzeit in Planung, konnte aber durch mehrere Aborigines verhindert werden, die nicht mit der Darstellung ihres Volkes in dem Buch „Traumfänger" einverstanden waren.

Ich las und las und war geschockt. Eins kann ich dieser Ärztin attestieren: Sie hat offensichtlich eine unerschöpfliche Fantasie, hat vielleicht auch ein paar Schritte Richtung Outback unternommen. Sie beschreibt haarklein, wie messerscharfe Gräser und Dornengestrüpp ihre nackten Füße malträtieren, ihre Muskeln nach meilenlangen Märschen schmerzen. Ihre Haut verbrennt natürlich unter der gleißenden Sonne. Sie ist informiert und weiß, dass Aborigines, die auch „wahre Menschen" genannt werden, auf ihren Walkabouts nichts Essbares mitnehmen und daher einen für unsere Breiten sehr außergewöhnlichen Speisezettel bevorzugen. Es gibt also unterwegs – Wasserquellen sind ihnen überall bekannt – Ameisen, Eidechsen, Käfer oder auch gern mal Känguru. Maden und Wurzeln machen das tägliche Mahl komplett. Wahrscheinlich hat sie sich beim Schreiben geschüttelt, während sie für den Leser diese Erlebnisse „aufbereitete".

Diese Informationen konnte sich die Medizinerin leicht beschaffen. Schon in den 1980ern machte sie ein Auslandspraktikum in Brisbane in einer Apotheke und verkaufte Teebaumöl mit einer umsatzfördernden Geschichte. Genau dort nämlich erfand sie ihre Entführung durch die Aborigines, bei denen sie, schlau eingefädelt, dann angeblich ihre wunden Füße mit besagtem Teebaumöl behandelt habe.

Bereits 1996 musste sie vor einer Aborigines-Kommission den als authentisch beschriebenen Inhalt ihres Buches, eines weltweiten Bestsellers, widerrufen. Bis

Europa drang davon natürlich seinerzeit nichts durch, hierzulande gab es keinen Aufschrei, sie wurde bewundert und machte ein Vermögen von vielen Millionen US-Dollars. Die heute fast 85-Jährige (* 1937) kann sicher immer noch gut von den Tantiemen leben. Und ihre Perlenkette? Die wird sie auch immer noch tragen – oder hat es auch sie nie gegeben? Wie die wunden Füße oder den Vierteldollar?

Da tröstete mich auch nicht, dass ich sehr viel später im Internet eine spanische Ausgabe von 2005 sah, die eindeutig sagt, dass der Inhalt eine Fiktion ist. Der Roman verkauft sich anscheinend weiterhin gut, Ausgaben von 2013 oder auch 2019 von Marlo Morgans „Traumfänger" werden im Internet ohne Hinweis darauf, dass diese Reise ausgedacht ist, angeboten, ob in türkischer, französischer oder italienischer Sprache, bis heute.

Und doch werde ich nun aufgrund meiner schlechten (späten, zufälligen) Erfahrung mit einem einzigen Buch nicht andere Bücher auf die Goldwaage legen und immer erst recherchieren, ob alles seine Richtigkeit hat. Nur – ein Stachel ist geblieben.

Die meisten Menschen vertrauen den Suchmaschinen (fast) blind, was sich oft als fatal herausstellt. Auch seriöse Berichterstatter sind nicht gefeit vor, wie heißt es so schön auf Neudeutsch? Fake News! Bartholomäus Grill, einst Kriegsberichterstatter, einer meiner späteren Lieblingsautoren und Verfasser des Buches „Um uns die Toten" oder auch „Ach, Afrika", bekam einen Anruf, der sich auf den Völkermord von Srebrenica bezog, flog nach Bosnien-Herzegowina, flog erschüttert zurück – und berichtete von unglaublichen Dingen (es ging um ein angebliches Massengrab mit bisher nicht entdeckten Skeletten). Dann erfuhr er aus seriöser Quelle, dass man ihn und andere Journalisten für Propagandazwecke missbraucht hatte. Er hat sich sehr geschämt, auf etwas hereingefallen zu sein, ohne es selbst geprüft zu haben.

Da fallen mir prompt einige Sprichwörter ein, denn sie beinhalten immer auch ein oder zwei Fünkchen Wahrheit. So ist es auch mit dem „Papier, das bekanntlich geduldig ist". Medien und Internet-Portale und, ja, auch Zeitungspapier sind es wohl ebenso. Im Internet wird uns ganz leicht ein X für ein U vorgemacht. Nur wie soll der gewöhnliche Sterbliche unterscheiden, was richtig, falsch oder vielleicht halb wahr ist?

Bei meinem ersten Beisammensein mit den „Bücherwürmern", denen ich mein Leid geklagt hatte, wurde ich dann nach der Vorstellung meines Buches und der für mich ganz neuen Erfahrung getröstet. Sie meinten, ich solle das Buch doch einfach weiterhin schön finden. Punkt! Nun steht es wieder in meinem Bücherregal. Und natürlich darf und soll sich jeder Autor künstlerische Freiheiten erlauben, aber dann lieber nicht in autobiografischen Texten, die dann auch noch nachprüfbar sind. Noch ein Sprichwort gefällig? „Lügen haben kurze Beine."

Und „was ich nicht weiß, macht mich nicht heiß" gilt eben nur so lange, bis man im Internet die Wahrheit findet, und auch die ist nicht immer wahr. Auch dort werden Tatsachen geschönt oder im Gegenteil aufgebauscht. Wir sollten mehr Bücher wie den „Vergesslichen Riesen" von David Wagner oder das ausgedachte „Die Biene und der Kurt" von Robert Seethaler lesen. Die Bücher, ich liebe sie, machen süchtig nach mehr. Man muss sie nur finden.

Heinrich Mehl

Ein Graf stirbt in Eckernförde

Am 27. Februar 1784 hat ein Angestellter der Kirche St. Nicolai oder der Stadtverwaltung Eckernförde, vielleicht der Pastor selbst, in das Kirchenbuch eingetragen: *„Der sich so nennende Graf von St. Germain und Weldona, weitere Nachrichten sind nicht bekannt worden, in hiesiger Kirche still beigesetzt.“* Eine ehrenamtlich in der Kirche beschäftigte Frau erzählte dem Pastor: „Da war eine alte Dame, die setzte sich an eine der Säulen, blieb den ganzen Nachmittag dort sitzen und erzählte beim abendlichen Gehen, dass sie die Kraft des Grafen St. Germain gestärkt habe.“

Eine sprachliche Analyse der oben zitierten Eintragung führt zum Verdacht, dass der Verstorbene mit der Formulierung „Weldona“ bekannt war und dass sein Tod keineswegs „still“ erfolgte. Denn der rätselhafte Graf ist an vielen Adelshöfen namhaft, taucht in Zeitungsberichten auf, wird heute zum Thema wissenschaftlicher Arbeiten (zuletzt Anika Petersen, Universität Kiel). Wer mehr über den Grafen erfahren will, findet neben seriöser Literatur zahlreiche Okkultistenschriften über einen „Mann, der alles weiß und niemals stirbt“.

Erwiesen ist, dass Carl von Hessen, Landgraf von Hessen-Kassel in dänischen Diensten, St. Germain nach Schloss Louisenlund eingeladen hat, um in einem Carl von Hessen gehörenden Gebäude in Eckernförde für den Landgrafen Farb- und Gerbmittel zu entwickeln. Wie er hier starb, wissen wir nicht, es sei denn, wir trauen der romanhaften Schilderung seines Todes in der Erzählung „Das Zauberwasser" von Karl May. Danach trifft sich St. Germain in Eckernförde mit Gegnern, will ihnen seine rätselhaften Fähigkeiten vorführen, verwechselt dabei eine geladene und eine ungeladene Schusswaffe und wird dabei tödlich getroffen.

Karl May, Schöpfer der auch heute noch vielgelesenen Bücher „Winnetou" und „Der Schatz im Silbersee", lässt in seinem Buch „Das Zauberwasser" Madame de Pompadour die besonderen Fähigkeiten des Grafen erläutern: *„Es scheint sicher zu sein, dass er edle Metalle anzufertigen weiß. Er hat in der kurzen Zeit seines Hierseins die bewundernswertesten Kuren vollbracht und besitzt ein Mittel, das die Einwirkungen des Alters aufhebt ... Er zeichnet und malt großartig, ist Künstler auf verschiedenen musikalischen Instrumenten, singt zum Entzücken, modelliert gleich einem Künstler und spricht außer Französisch, Englisch, Deutsch, Italienisch, Spanisch, Portugiesisch und den sämtlichen alten Sprachen auch Arabisch, Türkisch, Persisch und Chinesisch. Der Mann ist auf alle Fälle ein Rätsel."*

Karl Mays „Zauberwasser" erschien erstmals 1879/80 in der Familienzeitschrift „Deutscher Hausschatz" unter dem Titel „Ein Fürst des Schwindels", laut May nach *„authentischen Quellen".* Der Schriftsteller wählte damals noch als Pseudonym den Namen Ernst von Linden, später wurde der Roman Band 48 der „Gesammelten Werke". Heute noch begehrt sind die Bücher Karl Mays im Karl-May-Verlag Radebeul bei Dresden („Das Zauberwasser", erschienen 1927) und im Karl-May-Verlag Bamberg („Das Zauberwasser", erschienen 1954). Beide Bände zeigen in unterschiedlichen Titelbildern einen Alchimisten, vor offenem Ofen mit bauchigen Flaschen hantierend.

Für einen jugendlichen Karl-May-Fan, der nach Eckernförde zieht und beim Lesen des Bandes „Das Zauberwasser" auf Seite 61 (Ausgabe 1924) bzw. Seite 62 (Ausgabe 1954) plötzlich diese Zeilen liest, bleibt nur noch ein Glücksgefühl: *„Es war zu Anfang des Jahres 1784. Auf der Straße von Kiel nach Eckernförde bewegte sich ein Schlitten, in dem zwei Herren und zwei Damen saßen."* Nach dem dramatischen Ende des Grafen heißt es bei Karl May: *„Am andern Tag erzählte man sich in Eckernförde, der Graf von St. Germain sei leicht erkrankt, weil eine Kugel von seinem Körper abgeprallt sei. Später hörte man, dass er die Stadt verlassen habe, um eine Reise um die Erde anzutreten. Seine Anhänger und Bewunderer warteten lange auf ein Lebenszeichen von ihm; es gibt Leute, die noch heute an sein Aqua benedetta glauben – er ist bis jetzt nicht von seiner Reise zurückgekehrt."*

Wie St. Germains Tod vor rund 250 Jahren in Eckernförde tatsächlich verlief und wie die Arbeit des Grafen dort gewürdigt wurde, ist nicht bekannt. Das „still beigesetzt" in der Kirchenbuch-Eintragung deutet auf bewusste Nichtakzeptanz des Grafen in einer kleinbürgerlichen Stadt. Es ist jedoch anzunehmen, dass man dem Grafen zumindest eine steinerne Platte mit seinem Namen zugestand, angebracht zwischen anderen Grabplatten im Kircheninneren oder an der Außenmauer. Es wäre durchaus denkbar, dass St. Germains Namensschild bei einer der Ostsee-Sturmfluten verlorenging.

Ein besonders zerstörerisch wirkender Sturm des Jahres 1872 hat zu großen Verlusten auch im kirchlichen Innenraum geführt. Beschädigte Steinplatten wurden teilweise in einen kleinen, längst aufgegebenen Friedhof am Exer (heute neben dem Schwimmbad) verbracht. Blickt man auf die auffälligen Hebungen und Senkungen der kleinen, heute mit einem Wäldchen bedeckten Erdfläche, kommt der Gedanke auf, sie einmal mit modernen Detektoren zu untersuchen – es wäre denkbar, dort auch eine Spur von St. Germain zu finden.

St. Germain, im Eckernförder Kirchenbuch in wenigen handgeschriebenen Zeilen als verstorben vermerkt, ist eine in vielen europäischen Ländern bekannte „literarische" Persönlichkeit. In Büchern, Zeitungen, Reise-Dokumenten, Amtsakten, Briefwechseln etc. wird er erwähnt; er wird dabei als rätselhafte Figur, als Abenteurer, „Wiedergänger", als Alchemist und Erfinder bezeichnet. In Deutschland erhaltene „Korrespondenzen" des 18. Jahrhunderts geben St. Germain unterschiedliche Eltern und verschiedene Geburtsjahre, finden Spuren von ihm in Frankreich und England, Russland und sogar in den USA. Noch viele Jahre nach seinem Tode erschien 1875 in der „New York Times" ein Bericht, in dem St. Germain gelobt wird, weil er seine Kenntnisse „für den Fortschritt" eingesetzt habe. In den Vereinigten Staaten gibt es heute noch zahlreiche Gesellschaften und Vereine, die ihre ehrenamtliche Arbeit dem Grafen von Germain widmen.

Die vielen Rätsel, Spekulationen, Gerüchte machen den Grafen zu einem interessanten Thema für die Fachliteratur und vor allem zu einem Stoff für Dichter. Wenn St. Germain angeblich „Verfahren der Farb- und Metallherstellung" entwickelt hatte und „echte Edelsteine und sogar Gold produzieren" konnte, dann musste er geradezu zum Stoff für Erzählungen, für Romane werden. Die Historikerin Anika Petersen hat eine lange Liste von Erwähnungen St. Germains in Zeitschriften und Biographien erstellt. Sie reichen von der Schilderung St. Germains als *„äußerst gebildetem Mann, der sich das Wohl der Menschen zum Ziel gesetzt habe"* (Wilhelm Jensen, 1893) bis zur Bewertung als *„bekannter marktschreierischer Herumstreicher"* (Neue Braunschweigische Nachrichten, 1784). Zu den großen Namen der Kritiker gehört etwa Friedrich der Große, der St. Germain in einem Brief an Voltaire mit „Ammenmärchen" und „Narren" bezeichnete. Und 1981 erschien in „Sleswig" von Grove-Stephensen diese Beurteilung: Er war der *„größte Scharlatan des 18. Jahrhunderts, der Ludwig XV. und Carl von Hessen betrogen hat"*.

Es ist naheliegend, dass die guten Seiten von St. Germain Eingang in die große Literatur fanden. Am „internationalsten" ist wohl Alexander Puschkin, der 1834 die Erzählung „Pique Dame" veröffentlichte. Ebenso berühmt ist Rainer Maria Rilke, der dem Grafen in „Die Aufzeichnungen des Malte Laurids Brigge" ein literarisches Denkmal setzte. Literaturkenner in Eckernförde sind stolz darauf, dass Rilke ihre Stadt in einem Buch verewigt hat. Ein dritter Großer ist Umberto Eco, in dessen Roman „Das Foucaultsche Pendel" St. Germain in Verbindung mit Geheimgesellschaften geschildert wird. Zu St. Germain geäußert haben sich z. B. Montesquieu und Voltaire, Giacomo Casanova in seinen Memoiren und Erich von Däniken. Zur Diskussion um die Bedeutung des Grafen in Büchern sind Hartmut Verfürden, Peter Schraud, Alf Hermann, Christiane Feuerstack, Rainer Beuthel, Karl-Friedrich Schinkel und viele andere zu zählen.

Eckernförde, das Ostsee-Städtchen, in dem St. Germain die letzten Lebensjahre verbrachte, zeigt offiziell wenig Interesse. Weder gibt es eine Straße mit diesem Namen noch ein Denkmal, und man bietet keinen Gedenktag für diese europaweit bekannte Persönlichkeit an, so wie es etwa Bremen (mit den „Stadtmusikanten"), Hameln (mit dem „Rattenfänger"), Mölln (mit „Eulenspiegel"), Berlichingen (mit seinem „Götz"), Säckingen (mit dem „Trompeter") oder Heilbronn (mit seinem „Käthchen") mit viel Erfolg tun.

St. Germain, von dem man vor einigen Jahren auch musikalische Kompositionen fand, wird auch nicht auf Konzerten gefeiert. Das „Lebenselixier" aus dem wundersamen Labor des Grafen, hinter dem die Frauen europäischer Adelshöfe her waren, können wir heute nicht mehr nachvollziehen, aber ein Tee nach dem persönlichen Rezept des St. Germain ist in Eckernfördes Löwen-Apotheke noch zu erwerben. Man nehme:

Mittelfein zerschnittene Sennesblätter (32 Teile)
Holunderblüten (20 Teile)
Zerquetschten Fenchel (10 Teile)
Zerquetschten Anis (10 Teile)
Kaliumtartrat (5 Teile)
Weinsäure (3 Teile)
Wasser (13 Teile).

Der Fenchel und der Anis werden mit der Lösung des Kaliumtartrats in zehn Teilen Wasser gleichmäßig durchtränkt und nach halbstündigem Stehen mit der

Lösung der Weinsäure in drei Teilen Wasser ebenso gleichmäßig durchfeuchtet, darauf getrocknet und mit den Holunderblüten und den Sennesblättern gemengt.

Aber Vorsicht! Das ist Abführtee!

Lieblingsautoren – Lieblingsbücher

Ursula Wedler

Mein Lieblingsautor Bernhard-Viktor Christoph-Carl von Bülow

Nicht einer unter mehreren, sondern seit vielen Jahren *der* mir liebste Schriftsteller ist Loriot. Warum? Weil er für mich all das verbindet, was einen guten Autor ausmacht: eine gewählte Sprache, einen Humor, der nichts zu tun hat mit platter Comedy, nichts mit Klamauk auf Kosten anderer und mit derben Witzen. Und er nimmt sich selbst nicht aus bei seinen Karikaturen, sondern bezieht sich mit feiner Selbstironie mit ein, wenn er unsere kleinen und größeren Schwächen in seinen Zeichnungen, seinen Texten, seinen Sketchen und Filmen in Szene setzt.

Für mich begann die Begeisterung mit einem kleinen Buch, das ich in meiner Jugend geschenkt bekam: „Für den Fall … Der neuzeitliche Helfer in schwierigen Lebenslagen – Wort und Bild von LORIOT" (1960 bei Diogenes). Der Autor bietet darin „Hilfen" an für alle möglichen und unmöglichen Situationen: *„Für den Fall, dass es regnet … , dass Sie nicht mehr ganz nüchtern sind …, dass die Gartenzwerge überwintern sollen …, dass Sie einen Zwei-Kilo-Brillanten finden …, dass die Handwerker nicht kommen …, dass Sie ihr Wohnzimmer einrichten"* und viele andere Probleme, mit denen jeder Mensch aus der Sicht des Autors eben mal konfrontiert sein kann.

Zur Auswahl schöner Tapeten und Vorhänge schlägt er vor: *„Moderne Menschen richten sich zeitgemäß ein. Aparte Dekorationsstoffe vermitteln ihnen das Gefühl behaglicher Nestwärme. Merke: Die Wohnung sei der Spiegel Ihres Inneren.*" Das dazugehörige Bild – gezeichnet von Loriot – zeigt einen seiner typischen knollennasigen Männer umgeben von lauter geometrischen Mustern an Wand und Fenster. (In den fünfziger und sechziger Jahren lehnten „moderne" Menschen den Stil der Vorkriegszeit häufig ab als überholt und spießig und bevorzugten nun statt Blümchen-Mustern geometrische Formen.)

Später kamen zu meinem ersten Loriot-Buch weitere hinzu, teils im Kleinformat, teils als Kalender oder umfangreiche „Ratgeber". Familie und Freunde wussten von meiner Begeisterung für Loriot, der immer wieder auch „Die hohe Kunst der feinen Sitten" satirisch beleuchtet.

In seinen Fernsehsketchen und später in seinen Filmen übernahm Loriot dann häufig selbst manche Rolle mit einer Ernsthaftigkeit, die die Satire noch unterstreicht und viele seiner Werke zu Klassikern machte: der Anzug-Kauf, Liebeserklärung mit der Nudel im Gesicht, die Roulade, das geschenkte Klavier, die Weinprobe, das Jodel-Diplom, der Streit um den Kosakenzipfel, die Diskussion ums Abendkleid, der Konzertbesuch eines Preisrätsel-Gewinners – und viele andere.

Auch Fragen wie „Sollen Hunde fernsehen?" und „Welche Farben aus künstlerischer Sicht für das Farbfernsehen geeignet" seien, werden scheinbar ernsthaft diskutiert. Und manche Oper erscheint bei Loriots kurzer Darstellung der Handlung in einem ganz anderen Licht.

Das Weihnachtsprogramm im Fernsehen ist ohne „Weihnachten bei Hoppenstedt" kaum vorstellbar: Während der Opa – gespielt von Loriot – dauernd nörgelt: „Früher war mehr Lametta!", und darauf besteht, dröhnende Marschmusik von seinem neuen Plattenspieler zu hören, basteln Vater Hoppenstedt und Sohn „Dicki" einen Atommeiler zusammen, der dann zur Freude der Familie explodiert. Die Nachbarn in der Wohnung unter den Hoppenstedts sind verständlicherweise gar nicht erfreut, müssen sie nun schließlich mit einem Loch in der Zimmerdecke leben. Aus der Sicht der Verursacher sollen sie sich jedoch „nicht so kleinlich" zeigen, und Vater Hoppenstedt wünscht durch die neue Verbindung „Frohes Fest". Mutter Hoppenstedt versucht anschließend, die Unmengen an Geschenkpapier im Treppenhaus zu entsorgen. Leider waren die Nachbarn aber schneller …

Manche Zitate aus Loriot-Texten sind sogar zum festen Sprachschatz unserer Familie geworden: Will jemand eine Kleidermode eigentlich als ganz scheußlich bezeichnen, heißt es lachend: *„Na ja, das trägt man jetzt so …"*

Auch die Frage des übereifrigen Verkäufers Hallmackenreuter an ein Paar beim Bettenkauf: *„Wie schlafen die Herrschaften denn? Klassisch oder über Eck gestaltet?"*, ist unvergessen. Und der Hinweis eines fürsorglichen Ehemanns an das Verkaufspersonal bei den intensiven Liegeproben auf den verschiedenen Schlafstätten wird bei uns gelegentlich wiederholt: *„Wenn meine Gattin erwacht, nimmt sie gern eine Tasse Tee und etwas Gebäck!"* Mancher schließt sich auch dem Hausherrn an, der im Film „Pappa ante Portas" auf die erstaunte Frage seiner Gattin, was er denn zu so ungewohnter Zeit „zu Hause mache", kurz meint: *„Ich wohne hier!"*

Ich kenne kaum Menschen, die Loriots Humor nicht mögen und nicht traurig waren, als er 2011 im Alter von 87 Jahren starb. Seine Werke gehören für viele seiner Anhänger zum Besten, was je an Humor gezeichnet, geschrieben und verfilmt wurde.

Loriot – als Besitzer mehrerer Möpse – hat einmal behauptet: *„Ein Leben ohne Mops ist möglich, aber sinnlos!"* Ich meine: „Ein Leben ohne Loriots Humor ist möglich, aber traurig."

Giselheid Bernhard

Mein Lieblingsautor ist das Leben selbst

Geschichten, die das Leben schreibt, faszinieren mich.

Ich lese gerne Biografien, vorzugsweise von Frauen. Sie sind oft spannender als jeder Krimi, dabei noch authentisch, lehrreich und ermutigend. Meine eigenen Probleme werden beim Lesen oft klein und unbedeutend, wenn ich mich in die Situation anderer Menschen hineinversetze, die tapfer und entschlossen, oft auch voller Hoffnung und Zuversicht ihren Weg gegangen sind.

In den letzten Jahren habe ich beispielsweise die Lebensgeschichte von Paula Modersohn-Becker gelesen, die den Mythos der Künstlerkolonie Worpswede zu Beginn des 20. Jahrhunderts maßgeblich mitprägte. In einer von Männern dominierten Künstlerwelt stritt und kämpfte sie für ihre Malerei und individuelle Entwicklung, löste sich zeitweise aus der Ehe mit ihrem Künstlerkollegen Otto Modersohn, um sich in mehrmaligen langen Studienaufenthalten in Paris weiterzubilden. Ihr früher Tod nach der Geburt einer Tochter ist sehr tragisch.

Katharina von Bora, die mit gleichgesinnten Frauen aus dem Kloster floh, später die Ehefrau von Martin Luther und Mutter seiner Kinder wurde, hatte ein von ganz anderen Widrigkeiten geprägtes Leben, das sie mutig und gottesgläubig als unerschütterliche Gefährtin ihres Mannes führte. Auch in dem Film, den ich über ihr Leben gesehen habe, wird sie als kreativ, geschäftstüchtig und kämpferisch dargestellt.

Erst vor wenigen Monaten habe ich die Biografie von Michelle Obama gelesen. Sie lebte als gebildete, farbige Frau acht Jahre an der Seite des ersten afroamerikanischen Präsidenten der Vereinigten Staaten mit den beiden gemeinsamen Töchtern im Weißen Haus. Sie unterstützte die Arbeit ihres Mannes, Barack Obama, nach Kräften und war eine aufmerksame, attraktive Gastgeberin. Das Wohlergehen und die Bedürfnisse der heranwachsenden Töchter waren ihr wichtig, und es gelang ihr, eigene Akzente zu setzen sowie persönlichen Belangen Raum zu geben. Ihre Ehe blieb skandalfrei und hat bis heute Bestand – bemerkenswert in heutiger Zeit.

Dies sind Beispiele von drei Frauen, deren Lebensweg kaum unterschiedlicher sein könnte. Aber gemeinsam ist ihnen, dass sie unbeirrt ihren Weg gingen, Widerständen trotzten, ein Ziel vor Augen hatten und Aufgaben, die ihnen das Schicksal „vor die Füße warf", mit Mut und Entschlossenheit meisterten.

Uns wurde nicht versprochen, dass wir ein lustiges Leben in Saus und Braus führen dürfen. Wir müssen schon kämpfen, uns bewähren und fortentwickeln.

Während ich mir die ersten Gedanken zu diesem Beitrag machte, fragte ich mich, woher mein Interesse an Biografien wohl kommen mag, das sich nach meiner Erinnerung seit ca. 30 Jahren allmählich entwickelte. Ich glaube, den Ursprung gefunden zu haben: Er ist in meiner Familiengeschichte begründet und steht in direktem Zusammenhang mit meinen Ahnenforschungen. Es gab da eine „dunkle Seite" in der Familie meines Vaters, die mein Interesse und meine Neugierde weckten.

Mein Vater war eines von sieben Geschwistern, und obwohl er nach dem Tod seiner Eltern zu den jüngeren Geschwistern eine herzliche und liebevolle Beziehung pflegte, war der Kontakt zu der ältesten Schwester und ihrer Familie seit Jahrzehnten abgebrochen. Einen Grund dafür konnte ich nicht in Erfahrung bringen, zumal mein Vater nicht aus dem Krieg heimkehrte.

Ich begann mit Nachforschungen und fand heraus, dass ich drei weitere Cousinen hatte, die ich kennenlernen wollte. Bald nahm ich den Kontakt auf zu der ältesten, die mir annähernd 20 Jahre an Lebenszeit voraushatte, und es entwickelte sich eine enge Freundschaft. Ich lernte eine hochgebildete, liebenswerte Frau kennen, die – aus einem streng katholischen Elternhaus stammend – einige Jahre nach Ende des Zweiten Weltkriegs einen Sohn zur Welt brachte, dessen Vater sie beharrlich verschwieg. Sie zog unter sehr schwierigen äußeren Bedingungen das Kind alleine groß, schrieb ihre Doktorarbeit, wurde Professorin für Literaturwissenschaft. Auch ihr Sohn ging einen ähnlichen beruflichen Weg.

Ich habe größten Respekt vor dem Lebensweg dieser Frau, und so gibt es viele Beispiele gelingenden Lebens trotz vielfältiger Schwierigkeiten.

Das Leben schreibt eben die spannendsten Geschichten.

Karl Heinrich von Stülpnagel

Das Lieblingsbuch – die Lieblingsbücher – der Lieblingsfehler

Habe ich ein Lieblingsbuch? Oh ja – und sogar mehrere!

Als Kind liebte ich die „Familie Mutz" von Ina Seidel, mit den Bildern von Eugen Oßwald, aus dem Jahre 1914. Ich verbinde dies mit einem Lied meiner Mutter: „Kling-klang, das sind die Kälber, bam-gong – die Kühe selber". Sie las natürlich entsprechende Passagen nicht vor, sondern sang sie. Eine unauslöschliche, sehr liebe Erinnerung an meine Mutter. Mit meinem Vater verbinde ich eher „Die Höhlenkinder im Heimlichen Grund" von Alois Theodor Sonnleitner, geschrieben 1918. Mein Vater war Jahrgang 1919 und hatte es vermutlich auch schon gelesen – ich habe ihn nie danach gefragt. Er war ein hervorragender Vorleser. Ich hingegen nicht! Versuche, dieses Buch (oder auch andere) meinen Töchtern vorzulesen, scheiterten meist kläglich. „Ach Papi, lass mal gut sein …" Allein die doch recht andere Sprache in Sonnleitners Darstellung über das Leben in der Ur- und Frühgeschichte war nicht einfach für sie. Ebenso mochten beide Erich Kästners „Das doppelte Lottchen" von 1949 ob der Sprache nicht. Meine Frau und ich haben unsere Kinderbücher z. T. ganz umsonst aufgehoben. Aber wir haben sie immer noch: für die Enkelkinder!

In der Schule wurde „Großer Tiger und Christian" vorgelesen, geschrieben 1950 von Fritz Mühlenweg. Dies verschlang ich gleich mehrfach, habe es mit Erfolg meinen Töchtern zu lesen gegeben – und alle Patenkinder erhielten es. Ich werde es sicher noch einmal lesen. Es trug mich weg in eine andere Zeit, in eine andere Welt. Und genau dies ist es, was Lieblingsbücher können – einen wegtragen.

Vielleicht hat dieses Buch, dessen Geschichte wohl in China in den 1920er Jahren spielt, dazu beigetragen, dass ich am liebsten Biographien und Memoiren lese. Das Mitgenommenwerden und Dabeiseinkönnen, das Mitbeurteilenwollen im Umkreis historischer Persönlichkeiten macht große Freude – und den Leser nicht blöder!

Mit großem Stolz durfte ich 1990 meinen ersten Fachartikel schreiben: „Gedanken eines Restaurators zum Sammeln von Landmaschinen". Diesen gedruckten Artikel in der Hand zu halten, hatte für mich schon etwas. Ich war infiziert. Der Stolz über das selber Geschaffene trägt einen Menschen. Egal, ob er malt, schreibt, ein fremdes Auto repariert, als Bäcker Brot anbieten kann, das gerne gegessen wird, oder was auch immer jemand beherrscht. Dieses „etwas können" mit der daran hängenden Anerkennung der anderen (die dies nicht [so] hinbekommen), das ist es, was uns trägt. Es bereichert andere – und damit uns selbst.

Nie werde ich vergessen, eine „Lesung" halten zu dürfen nach der Beendigung meiner ersten Monographie. Unbeschreiblich. Nun konnte ich dieses nicht vorlesen – es war ein Fachbuch über gotische Möbel – wie einen Roman; noch nicht mal Passagen daraus. Auch ein Kursbuch kann man ja nicht vorlesen (wenn auch Loriot es mit gutem Erfolg versuchte). So hielt ich einen Vortrag. Anschließend durfte ich Exemplare signieren. Unvergesslich.

Und habe ich auch Lieblingsbücher? Oh ja – und zwar viele!

So wie ein Koch keinen an seine Messer lässt und ein Tischler keinen an seine Stecheisen und Handhobel, so achte ich auf mein Handwerkszeug: meine Fachbücher. Gut auf Augenhöhe und nach einem bestimmten System sortiert, stehen sie in der Hausbibliothek in mehreren Metern nebeneinander. Hier und da kommt ein neues Buch hinzu. In der Zwischenzeit relativ selten, da ich zu meinem Forschungsfeld, mittelalterliche und vormittelalterliche Möbel, nun relativ autark bin. Dazu gibt es im Keller eine Hängeregistratur für die Artikel in Sonderdrucken und Kopien.

Die meisten Bücher habe ich mühsam „ergattert" und teuer bezahlt. Jedes Buch für sich ist wertvoll im Ankauf und hat beschämend wenig Wert beim Wiederverkauf. Der Wertverlust ist immens. Gut, dass ich sie nicht verkaufen muss (und schon gar nicht en bloc), denn dafür werden meine Töchter nicht viel bekommen. Wer kauft schon eine möbelkundliche Fachbibliothek zum „Einzelbuch-Einkaufspreis". Nicht mein Problem!

Über den Möbelbüchern stehen die Biographien und Memoiren im Regal. Sortiert nach dem Nachnamen des Schreibers bzw. dessen, über den geschrieben wurde. Regelmäßig ein- bis zweimal im Jahr werden sie aus den Regalen genommen, abgestaubt und die Neuzugänge dazwischensortiert. Es stellt sich dabei wieder mal ein Gefühl des Stolzes ein, des Besitzerstolzes: meins! Die nötige Bescheidenheit und Demut tritt hier nicht sehr in den Vordergrund.

Aus Platzgründen werden aber auch mal Bücher aussortiert – ein Kampf um jedes einzelne Buch! Dieser Kampf ist umso erbitterter, weil meine Frau auch Bücher einstellen will! Romane! Krimis! Ein Sakrileg für mein Regal!

Neben „meinen" Büchern gibt es aber auch noch weitere Regale mit Lieblingsbüchern: Geschichte, Heraldik, Genealogie, Literatur zum nationalsozialistischen Widerstand, Familiengeschichte z. B. und, wie gesagt, die Romane und Krimis, die Lieblingsbücher meiner Frau. O. k. – z. T. tatsächlich auch sehr ernstzunehmende Literatur (aber eben „nur" fiction, wohingegen meine Bücher nonfiction sind!). So hat jeder in der Familie Lieblingsbücher.

Und die Töchter? Nichts! Sie lesen viel: In ihren „Endgeräten" ist unendlich viel Lesestoff. Über Stunden wird gelesen, gewischt, angesehen, gewischt, gehört und gewischt. Aber nur sehr selten wird ein Buch (so richtig eins mit Seiten und so) in die Hand genommen. Aber es kommt natürlich dennoch hier und da vor (und dann meist in einem Zuge durchgelesen).

Gerade ist wieder ein Buch – ein nonfiction – herausgekommen, bei dem mein Name auf dem Cover steht. Seine „Geburt" zog sich über Jahre hin. Das Zusammentragen von Fakten, Daten, Hinweisen und Informationen ist nur die eine Hälfte der Buchproduktionsmedaille. Die andere ist das Layouten, Korrigieren, nochmal Korrekturlesen, Nachforschungen bezüglich Ungereimtheiten, Indexieren und was es da noch alles Schönes zu tun gibt, bis eine fertige Druckversion beim

Verlag abgegeben werden kann. Das Finden von Fehlern sollte bis dahin abgeschlossen sein! In diesem Stadium der Buchproduktion stellt sich dann Demut ein, da vieles nicht an einem selber liegt, sondern an den Imponderabilien der Arbeit.

Und dann kommt dieser irre Moment, dass man „sich selbst in der Hand hält"! Ein Glücksgefühl sondergleichen. Ich schlage es auf – so war es zumindest bei allen Büchern von mir und Fachartikeln – und finde einen Fehler! So einen richtig blöden Saufehler. Dieser ist in der Zwischenzeit aber mein Freund. Jeder dieser Fehler in den Schreibereien. Er ist sozusagen druckimmanent. Er gehört da hin, hat seine Berechtigung – ist eben immanent.

Es gibt kein Buch ohne Fehler. Und auch Bücher, an denen ich keinerlei produktionstechnische Anteile habe, bergen Fehler. Im letzten Buch einer Kollegin schlage ich die Seite der Danksagungen auf (da ich einen kleinen Hinweis geben durfte), und finde den vermutlich einzigen Fehler: Karl Heinz anstatt Karl Heinrich. Ich freute mich über einen neuen Freund und die Kollegin, sehr peinlich berührt, entschuldigte sich sehr.

So gibt es nicht nur das Lieblingsbuch oder die Lieblingsbücher für mich, sondern in ihnen auch jeweils den Lieblingsfehler.

Ullrich Schiller

„Die Welle ist das Meer – Mystische Spiritualität"

Das Buch, welches ich auf diesem Wege vorstellen möchte, ist im Jahr 2000 erschienen und die Aufzeichnung eines Gespräches zwischen dem Benediktinermönch und Zen-Meister Willigis Jäger und dem Philosophen Christoph Quarch, seinerzeit Studienleiter beim Deutschen Evangelischen Kirchentag. Willigis Jäger war zeitlebens auf der Suche nach neuen Wegen, auch im 21. Jahrhundert so von Gott zu sprechen, dass Menschen seine Gegenwart erfahrbar wird. Er fand diese Wege als Benediktinermönch auch im Buddhismus und ließ sich in Japan zwölf Jahre lang zum Zen-Meister ausbilden. 2004 eröffnete er in Holzkirchen im Landkreis Würzburg das Tagungszentrum „Benediktushof" als überkonfessionelles „Zentrum für spirituelle Wege". Kurz nach seinem 95. Geburtstag ist Willigis Jäger am 20. März 2020 auf dem Benediktushof gestorben. Beigesetzt wurde er auf dem Friedhof der Mönche in seinem Heimatkloster Münsterschwarzach.

Gleich zu Beginn seines Vorwortes schreibt Willigis Jäger: *„Dieses Buch ist für Menschen geschrieben, die zwar im christlichen Kulturkreis stehen, aber nicht getauft sind oder sich der Kirche nicht (mehr) zugehörig fühlen. Es hat folgenden Ansatz: Gott wird nicht gesehen als Schöpfer einer ontologisch anderen Welt, sondern als* *die Einheit des Seins und Nicht-Seins, bei der es keine Trennung zwischen Gott und Welt, zwischen Geist und Materie, zwischen Sein und Nicht-Sein gibt. Was wir Abendländer Gott nennen, wird als die eine Wirklichkeit gesehen, die sich vielgestaltig offenbart, dabei aber immer sie selbst bleibt."*

Worte, die ich nach nunmehr fast 40-jähriger Tätigkeit als Pastor sehr gut nachempfinden kann. Die Abkehr vieler Menschen von der ‚Institution Kirche' ist heute allenthalben präsent! Ich sehe das aber nicht als eine Abkehr von Religiosität oder Spiritualität, als Abkehr von der Suche nach Antworten auf die Sinnfragen menschlichen Lebens, sondern vielmehr als eine Abkehr von Lehrsätzen, Glaubensvorstellungen und Bekenntnissen kirchlicher Traditionen und Überlieferungen, die Menschen heute entweder so nicht mehr teilen oder überhaupt nicht mehr verstehen! Willigis Jäger beschreibt es so: *„Denn ein weiteres Problem der Kirchen besteht ja darin, dass auch das von ihnen propagierte Gottesbild von einer überholten Weltsicht geprägt ist. Um die von der modernen Naturwissenschaft beeinflussten Zeitgenossen zu erreichen, ohne ihnen zu große intellektuelle Verrenkungen zuzumuten, müssten die Kirchen ihr theologisches Angebot neu durchdenken. Die Weise, wie man von Gott spricht, müsste sich ändern. Doch es fehlt der Mut, einmal aus dem Glaubensgebäude herauszutreten und einen neuen Ansatz zu versuchen. Ich wünsche mir mutigere Theologen."* (S. 23) Wohl wahr, denn vielfach sind die Inhalte unserer Botschaft nach wie vor geprägt von einer Zeit, über die mittlerweile zwei oder drei Weltbilder hinweggegangen sind. Und gerade die evangelische Kirche ist immer noch – in reformatorischer Tradition – eine Kirche des Wortes.

Was Menschen heute suchen, sind aber nicht vorrangig Worte, sondern spirituelle Erfahrungen.

Und die Kirche antwortet darauf – so erlebe ich es gegenwärtig – immer wieder und immer nur – mit einer Transformation ihrer Strukturen! Dabei brauchen wir heute eine zeitgemäße Transformation unserer Botschaft. Willigis Jäger zitiert dazu den Bewusstseinsforscher Ken Wilber, der meint, dass die Veränderung des menschlichen Bewusstseins in ein mystisches, transpersonales Wesen nicht durch eine Reformation, sondern nur durch eine Transformation möglich ist. (S. 71) Ken Wilber vergleicht Reformation mit dem *„Verschieben von Möbeln auf der gleichen Etage in andere Zimmer und Transformation mit einer Veränderung (des Bewusstseins) auf die nächste höhere Etage".* Eine Etage, auf der sehr viele Menschen heute bereits ganz selbstverständlich leben und auf der sie spirituelle Erfahrungen suchen, die sie in der Kirche heute so nicht mehr finden.

Im Blick auf den Buchtitel sei das folgende Zitat von Willigis Jäger angeführt: *„Ein Bild, das ich gerne verwende, ist Folgendes: Wenn wir uns die erste Wirklichkeit (Gott) als unendlichen Ozean vorstellen, dann sind wir so etwas wie die Wellen auf diesem Meer. Wenn nun die Welle erfährt ‚Ich bin das Meer', dann sind da immer noch zwei: Welle und Meer. In der mystischen Erfahrung aber wird diese Dualität überstiegen. Das Ich der Welle verfließt, und an seiner statt erfährt das Meer sich als Welle. Es erfährt sich in der Einheit von beiden und als Einheit von beiden. Diesen Schritt vollzieht der Mystiker nicht, er widerfährt ihm. Er betrachtet die Wirklichkeit (Gott) nicht mehr als sein Gegenüber, gleichsam von außen, sondern er erfährt die Wirklichkeit von innen. Im*

Bild gesprochen: Er erfährt: Alles ist Welle und Ozean
zugleich. Alles ist Ausdrucksform dieser einen Wirklich-
keit ... Meer und Welle kann man zwar verschieden an-
sprechen, aber ihr Wesen ist Wasser. Die Hand hat zwei
Seiten. Wer mit dem Verstand hinschaut, muss eine Seite
nach der anderen betrachten. Von innen werden beide
Seiten als Eines erfahren." (S. 42 f.)

„*Der Fromme von morgen wird ein Mystiker sein,*
einer, der etwas erfahren hat, oder er wird nicht mehr
sein." Wer kennt es nicht, dies berühmte Wort von Karl
Rahner aus dem Jahr 1966. Der Christ der Zukunft
als „Mystiker" ist das wohl meistzitierte Wort von
ihm, Zeichen dafür, dass es offenbar vielen als Kont-
rast zur gegenwärtigen Wirklichkeit einleuchtet. Wie
kommt es, dass Christen und erst recht die Kirche so
wenig als „mystisch" oder „geistlich" und „spirituell"
wahrgenommen werden? Einer der Gründe dürfte
darin liegen, wie Glaube verstanden und gelebt wird:
Statt jene Grundhaltung zu sein, in der man sich „*Gott*
öffnet, ihn als den tragenden Grund seines Lebens an-
erkennt und (ihm) zur Verfügung stellt" (Karl Rahner),
ist Glaube abgeglitten zu einem Für-wahr-Halten von
„übernatürlichen" Sachverhalten und Sätzen. Wie aber
kann ein ganzheitliches Verständnis von Glauben wie-
dergewonnen werden? Darum geht es Willigis Jäger in
seinem Gespräch mit Christoph Quarch: um die mystische Erfahrung des ‚Eins seins' mit dem Urgrund allen
Seins, mit Gott. Der Buchtitel „Die Welle ist das Meer –
Mystische Spiritualität" offenbart bereits das klassische
mystische Verständnis von Einheit zwischen Göttli-
chem und Menschlichem: Die Welle ist das Meer. Da
gibt es keinen Gott als Gegenüber des Menschen, kein
Ich und Du und keine Beziehung. Denn in unserem

wahren Wesen sind wir alle die „*erste Wirklichkeit*", wie Willigis Jäger es nennt.

Im ersten Teil des Buches beschreibt Willigis Jäger das Verhältnis von Mystik und Religion, von Naturwissenschaft und Spiritualität und sein Gottesbild: „*Gott lässt sich nicht von der Evolution trennen. Gott ist Kommen und Gehen. Gott ist Geborenwerden und Sterben. Er ist der Tänzer, der die Evolution tanzt. Ein Tänzer ohne Tanz macht keinen Sinn – und einen Tanz ohne Tänzer kann man ebenso wenig denken. Auf diese Weise gehören Gott und Evolution zusammen. Das eine ist nicht ohne das andere denkbar. Oder nehmen wir das Beispiel einer Symphonie: Der Kosmos ist eine Symphonie, und das, was wir ,Gott' nennen, erklingt als diese Symphonie. Jeder Ort, jeder Augenblick, jedes Wesen ist eine ganz bestimmte Note, die je für sich unverzichtbar für das Ganze ist, auch wenn sie im nächsten Augenblick durch eine ganz andere Note abgelöst wird. Alle Noten machen das Ganze aus, alle Noten sind das Ganze – und das, was die Ganzheit ausmacht, ist Gott, der als dieses Ganze erklingt.*" (S. 84)

Im zweiten Teil folgt die Beschreibung der Praxis der Mystik. Hier geht es um das Sitzen in der Stille, Atmen und Schweigen und darum, welche Schritte man in der eigenen, täglichen Praxis gehen kann und wie sich diese spirituelle Praxis auf das Leben und Handeln im Alltag auswirkt. Meditation mündet für Willigis Jäger im alltäglichen Handeln, und dieses führt umgekehrt zur Meditation. Die Verbindung mit Gott zu praktizieren und nicht nur zu glauben, dazu verhilft das Sitzen in der Stille, die Bewusstseinssammlung, Achtsamkeit beim Atmen, Wahrnehmung über den Körper, Stille und ein Dasein im gegenwärtigen Moment.

Im weiteren Verlauf seines Vorwortes schreibt Willigis Jäger: *„Ich bin mir bewusst, dass die Gedanken dieses Buches manchen Angst machen, vielleicht auch zu Stellungnahmen herausfordern. Gerade deshalb können sie in ein Gespräch über Religion und Mystik führen. Nichts wird absolut gesetzt. Niemand soll überzeugt werden. Bestehende religiöse Vorstellungen werden nicht abgewertet. Ich versuche lediglich, die alten Wahrheiten in einem anderen Licht zu sehen. Das setzt andere Ansichten nicht herab, es ergeben sich vielmehr Einblicke in den Sinn unseres Daseins. Meine lange pastorale Erfahrung sagt mir, dass ich vielen Menschen aus dem Herzen rede und dass sie sich durch diese Gedanken gestärkt fühlen auf ihrem Weg, nicht zuletzt auf ihrem christlichen Weg. Für sie ist dieses Buch geschrieben.“* (S. 8)

Ich hoffe, ich habe Sie neugierig gemacht. In seinem Buch „Klang des Göttlichen – Die Weisheit Jesu“ vergleicht Willigis Jäger diese Lebensweise in einem Bild folgendermaßen: *„Wer die Quelle kennt, trinkt nicht aus dem Krug!“* Mir ist das hier vorgestellte Buch zu so einer Quelle geworden!

(„Die Welle ist das Meer – Mystische Spiritualität“ ist erschienen im Herder Verlag, Freiburg, 26. Auflage 2020)

Gerd Schäfersküpper

Geliebte Bücher

Ich war schon immer jemand, den man eine Leseratte nannte. Als Kind las ich schon sehr viel, und das blieb eine Konstante meines Lebens und ist auch heute noch so. Rückblickend erkenne ich, wie sehr Bücher mich und meine Sicht auf die Welt, ja mein Leben veränderten.

Das begann mit C. S. Foresters Hornblower-Romanen.

Der englische Autor Forester, dessen Bücher ich als Kind und Jugendlicher verschlang, schildert die Karriere eines Seeoffiziers der Napoleonischen Kriege, angelehnt an die Geschichte des Seehelden Lord Nelson vom Fähnrich bis zum Admiral. Damals lebte ich im Ruhrgebiet, den man Kohlenpott nannte, und es wäre unrealistisch gewesen zu erwarten, die Weltmeere kennen zu lernen, ja überhaupt an die See zu kommen. Das waren Träume, sie beeinflussten aber später wohl meine Berufswahl, die mich mit der Welt in Verbindung brachte.

Als Heranwachsender las ich dann Leon Uris „Exodus" und „Mila 18", damals Bestseller, die sich mit der Thematik des Holocaust und der Gründung des Staates Israel befassten. Sie haben mich sehr bewegt und führten zu endlosen Diskussionen mit meinen Eltern, die zur Zeit des Nationalsozialismus junge Menschen waren. Und sie prägten meine Sicht auf diese Zeit bis heute.

In die Welt zog ich wieder hinaus mit William Somerset Maughams „Auf Messers Schneide", „Seine erste Frau" und anderen. Maugham bereiste die Welt und verstand, davon zu erzählen. Viele seiner Bücher sind autobiographisch geprägt und zeichnen sich durch einen britischen, teils ironischen Humor und große Toleranz aus. Das Buch „Auf Messers Schneide" veränderte meine Sicht auf die Philosophie des Ostens, insbesondere Indiens. Diese geriet damals sehr in Mode; im Westen begann man von Gurus zu schwärmen. Ich stand dieser Mode skeptisch gegenüber, verstand dann durch das Lesen dieses Buches mehr über die Tiefe dieser Philosophie und begann, sie zu tolerieren und zu achten.

Mein Interesse an Geschichte brachte mich auf Arnold Toynbees „Menschheit und Mutter Erde". Toynbee war ein Universalhistoriker, der es verstand, mit diesem Buch nichts weniger als eine Geschichte der Zivilisationen darzustellen, beginnend mit den Zivilisationen des Zweistromlandes, über Ägypten, Griechenland, Rom und alle Reiche weltweit und über alle Kontinente hinweg. Als ein von der Zivilisation der Gegenwart geprägter Mensch denkt man dann darüber nach, ob man heute wirklich an der Spitze der Entwicklung steht und wie wenig selbstverständlich unsere heutigen Selbstverständlichkeiten sind. Ist etwas nur deshalb richtig, weil es heute alle anderen tun?

Beeindruckend fand ich auch Ernest Hemingways Erstlingswerk „Fiesta". Damit begann meine Hemingway-Phase. Ich las alles, was er jemals geschrieben hatte. Von all diesen Büchern finde ich heute nur noch „Fiesta" in meinem Bücherregal, und ich lese es immer wieder alle paar Jahre. Es schildert die Geschichte einer

„verlorenen Generation", wie man das damals nannte, und in der ich mich wiederfand.

Mit Sebastian Haffners „Anmerkungen zu Hitler" knüpfte ich wieder an die Lektüre meiner Jugendjahre an. Haffner, der während des „Dritten Reichs" nach England emigrierte und im Nachkriegsdeutschland als Journalist und Autor arbeitete, erklärte mir den Erfolg Adolfs, wie meine Elterngeneration ihn damals nannte. Bis dahin staunte ich darüber, wie es ihm gelungen war, die Erwachsenen meiner Jugendzeit auf seine Seite zu ziehen, obwohl sie als Arbeiterkinder sozialdemokratisch, gewerkschaftlich, auch kommunistisch sozialisiert waren; und später für ihn in den Krieg zogen. Wie sie verführt wurden und welche Parallelen es in unserer heutigen Zeit dazu gibt.

Mut gab mir Dag Hammarskjölds „Zeichen am Weg". Als ich auf dieses Buch stieß, befand ich mich in einer angespannten Phase meines Lebens. Beruflich war ich sehr gefordert, war aber auch sehr wettbewerbsorientiert und suchte den Erfolg. Andererseits zog es mich sehr in die Stille, ich meditierte und begann, mich mit Mystik zu beschäftigen. Hammarskjöld war ein schwedischer Politiker, der in einer schwierigen politischen Weltlage UNO-Generalsekretär wurde. Es war eine Zeit, die sowohl durch den Kalten Krieg als auch durch die Unabhängigkeitsbestrebungen der bisherigen Kolonien geprägt war. Er starb beim Absturz seines Flugzeuges während einer Friedensmission in Afrika. In seinem Hotelzimmer fand man sein Tagebuch, welches unter dem obigen Titel veröffentlicht wurde, sehr zum Staunen der Öffentlichkeit. Man kannte nur den umtriebigen Politiker, ahnte nichts von seinem reichen inneren Leben. Nur seine engsten Freunde wussten davon. Erstaunt las man Sätze wie: „*Die längste Reise ist die Reise nach innen.*" Mich ermutigten seine Gedanken, meine beiden Leben, die innere und äußere Welt zu verbinden und beide zuzulassen.

Einen Autor möchte ich in besonderer Weise hervorheben, und das ist der große William Shakespeare. Liest man die Stücke, zweifelt man mit Hamlet über Sein oder Nicht-Sein, liebt und leidet mit Romeo und Julia, ist eifersüchtig mit Othello, verzweifelt mit Richard III. und bietet ein Königreich für ein Pferd, begeistert als Heinrich V. seine Band of Brothers, leidet mit Shylock im Kaufmann von Venedig, erlebt das Berauschende der Macht mit Falstaff, irrt mit König Lear und feiert mit dem dicken Ritter Falstaff. Man amüsiert sich bei den eleganten Verwechslungskomödien wie „Was ihr wollt" und „Wie es euch gefällt" und lauscht weisen Worten, die oft gerade von Narren gesprochen werden. Die Welt der Herrscher und Könige spiegelt sich oft in einer Gegenwelt der kleinen Leute. Shakespeares Todestag jährte sich 2016 zum 400. Mal, und es überrascht nicht, dass die Werke des größten Dramatikers die Menschen auch heute bewegen. Seine Stücke werden immer noch gespielt und verfilmt. Immer neue Bücher erscheinen über sein Werk. Der überproportionale Erfolg englischer Schauspieler und Schauspielerinnen liegt auch darin begründet, dass diese meist im Theater und mit Shakespeares Stücken begannen und damit geschult wurden. Er schrieb für das Theater, welches – anders als heute – alle Bevölkerungsschichten erreichte. Zum Beispiel in dem von ihm gegründeten Globe-Theater in London, in dem auf den Stehplätzen die Lehrjungen zusahen, daneben Handwerker und ihre Frauen bis zum Adel auf den höheren Rängen. Erfolgreiche Stücke brachten es bis zu Aufführungen am Königshof, beispielsweise von Elisabeth I. Viele der dem Globe nachgebauten Theater entstanden weltweit von London bis Schwäbisch Hall. Nie wieder hat die Bühne eine derartige Anziehungskraft auf alle Schichten der Bevölkerung erreicht. Und darin ist sein Erfolg bis heute begründet. Manche bezweifelten im Laufe der Jahrhunderte, dass Shakespeare, der Sohn eines Handschuhmachers aus dem etwa 2000 Einwohner zählenden Stratford, dessen einzige angenommene Schulbildung eine Lateinschule war, tatsächlich der Autor war, und sie tun es bis heute. Er hinterließ in seinen Werken fast eine Million Wörter, wir kennen aber nur 14 von ihm selbst geschriebene, davon sechs Unterschriften. Es ist aber nicht wirklich wichtig für den Erfolg und die Qualität des Werks.

Wie seine Werke bis heute in den Menschen wirken, sieht man an der Geschichte des jungen Schreibers Marcel Reich-Ranicki, der im Jahre 1942 einen Erlass der deutschen Behörden las, für die er arbeitete. Darin wurde definiert, welche Personen von der anstehenden Deportation ausgenommen waren, nämlich unter anderem Ehepartner und Kinder der bei den Deutschen Beschäftigten. Sofort sandte er nach Teofila, seiner Verlobten, organisierte einen Geistlichen und zwei Zeugen und heiratete sie auf der Stelle. Später konnte er sich nicht mal mehr erinnern, ob er seine Braut geküsst hat, wusste aber, dass er die ganze Zeit einen Spruch aus Richard III. im Kopf hatte: *„Ward je in dieser Laun' ein Weib gefreit?"*

In den 70er Jahren des vorigen Jahrhunderts bat ein Gefangener auf Robben Island, der Gefängnisinsel zur Zeit der Apartheid in Südafrika, um Literatur. Als er erfuhr, dass ihm nur ein Buch zustehe, entschied er sich für eine Gesamtausgabe Shakespeares, weil ihn diese eine Weile beschäftigen würde. Sechs Monate vor seiner Entlassung gab er das Buch seinen Mitgefangenen und ließ diese die ihnen wichtigste Stelle anstreichen und unterschreiben. Ein Mitgefangener markierte eine Stelle aus „Julius Cäsar", nach der ein Feigling viele Tode vor seinem Sterben erleidet, ein Mutiger aber nur einmal stirbt. Er unterschrieb mit „Nelson Mandela".

Ein Beispiel aus unserer Zeit ist der in den USA einflussreiche und beachtete farbige Autor Ta-Nehsi Coates. Er traf in der Schule eines Problemviertels in Baltimore auf Shakespeare und zitiert noch heute begeistert aus „König Lear": *„Von unserem Alter Pflicht und Sorgen abzuschütteln/ Sie jüngeren Kräften anvertrauend."* Er zitiert das wie einen Rapsong.

Beeindruckende Beispiele für die andauernde Wirkung des William aus Stratford.

Kein Tag ohne Buch

Gertrud Conrad

Ein Leben voller Bücher

Heute Nachmittag 1 1/2 Uhr wurde uns im Schulhause „*zu Immenbeck unser 3. kleines Mädelchen geboren"*, schreibt Vater in Sütterlin in mein Tagebuch. Ein Vater, der schreibt und schreibt. Stören darf man ihn nicht.

Als Erwachsene lese ich in Chroniken, die er über viele Dörfer im Landkreis Harburg verfasst hat, lese über Wanderungen durch die Heide, finde unzählige Zeitungsberichte, Bücher mit Märchen und Sagen, plattdeutsche Gedichte und einen Erlebnisbericht über die Gefangenschaft im Ersten Weltkrieg. Dort schreibt er für die englischen Aufseher Briefe an deren Frauen nach England und bekommt für die Antworten Zigaretten. Eine begehrte Handelsware.

Ich erfahre aus seinen Berichten, wie sehr die Engländer das deutsche Bildungsniveau bewundern. Alle deutschen Gefangenen können schreiben, doch gutes Englisch sprechen und schreiben kann nur der eine, mein Vater. Dasselbe auch auf Französisch.

Das Bundesverdienstkreuz kommt später.

Eines meiner Lieblingsgedichte von Vater:
So wiet ik bün ok kamen, un wat ik ok heff sehn,
dat Schönst' vun all'ns tosamen, bliffst du, mien Dörp,
alleen.
Ik bün op Bargen lopen, de steil un hevenan; man se
reckt alltohopen

an die, mien Dörp, nich an.
Mi müchen woll gefallen, in Still un Störm de Seen,
mien Hart bleev doch vör allen bi di, mien Dörp, alleen.
Un leev ik noch veel Stunnen, wat lang, dat weet keen
een:
mien Hart blifft jümmer bunnen an di, mien Dörp,
alleen.

Ein Bruder vertonte die Verse.

Es gibt im Elternhaus einen Raum voller Bücher, jedoch ohne Tisch, ohne Stuhl und immer abgeschlossen. Nichts für Kinder.

Als Siebenjährige buchstabiere ich das Wort „Montage" und frage, warum die denn nur an Montagen arbeiten? Nicht Dienstag, nicht Mittwoch? Ich buchstabiere auch NSV – Nationalsozialistische Volkswohlfahrt, SA-Staffelläufe und NSKK-Kraftfahrkorps. Schwierige Worte, was es doch alles gibt! Anfangen kann ich damit nichts. Ich bin in einer Schule zur Welt gekommen, hat's mir genützt? Als der Krieg 1945 vorbei war, wurde ich vom Gymnasium genommen. Mutter war mit sieben Kindern allein, Vater zum zweiten Mal in Gefangenschaft, ich 13 Jahre alt.

Meine Klassenlehrerin hatte gesagt, dass ich im Deutschen und Englischen ausgezeichnet sei, dass (damals ja noch mit ß) es in der Mathematik doch sehr mangele.

Mutter las uns Kindern gelegentlich vor: Da gab es Zwerge, Elfen, Küken, Kälber, „Hänschen im Blaubeerenwald" und „Hasenhans" und „Hasengretchen." 1924 erschienen, begeisterten sie die Hasenschule-Generationen. Heiligabend wurden Gedichte aufgesagt, natür-

lich Storm, doch auch „In dieser klaren Sternennacht"
von Hans Baumann.

Meine Kinder hatten viele Lieblingsbücher, ich erinnere
James Krüss' „Henriette Bimmelbahn" und Tomi Un-
gerers „Die drei Räuber", böse Männer, die schließlich
doch für die Kinder ein Schloss kaufen.

„Taps und Tudel" von Hagdis Hollriede in Sütterlin war
mein erstes eigenes Buch. Werde ich es heute meinen
Urenkeln geben? Ich überlege noch. Etwas später kamen
Felicitas Roses „Kerlchen"-Episoden dazu, heimlich un-
ter der Bettdecke gelesen, Vater würde sie verbrennen.
Es gehörte uns nicht, wir hatten uns die Bücher gelie-
hen, es war eine ganze Reihe. „Heideschulmeister Uwe
Karsten" wurde genehmigt. Bei Kerlchen ging's um
Grafen und Gräfinnen, um Liebe, Anstandsdamen und
Sekt: Prinzessinnen-Träume eines kleinen Mädchens,
das beim Lesen zu jemand anderem wurde.
    Erich Kästner durfte erst wieder in der BRD erschei-
nen, das aber ziemlich bald, z. B. mit „Als ich ein kleiner
Junge war", von Walter Sittler vorgetragen – ein Genuss.
    Nicht gut angekommen ist ein Geschenk in den
1970er Jahren: „Vier Kinder und ein Hund" von Else
Fröhlich. Eine Förster- und Waldgeschichte; ich kaufte
es für Nichten und Neffen, die in genau diesen Verhältnissen lebten: Papa Forstmeister und seine Frau hatten
vier Kinder und einen Hund. Ehe die Kinder das Büchlein zu sehen bekamen, hatte die Mama es bereits in
den Ofen gesteckt. Galt das mir oder Else Fröhlich?

Herbst 1946, weit weg von Mutter und Geschwistern,
soll ich Landwirtschaft lernen. Ich bin 14 Jahre alt, der

Hof liegt am Timmendorfer Strand. Baden verboten, Kap Arkona, Gustloff, Thielbek und Athen liegen noch nicht lange genug zurück (Mai 1945). In die Poesiealben meiner Kindheitsfreundinnen habe ich wiederholt geschrieben: „Das sind die Starken im Lande, die unter Tränen lachen, die ihr eigenes Leid verbergen und anderen Freude machen." Ein Nazi-Spruch? Man musste stark sein, denn nach den Bomben sind Dieter und Gerhard nicht mehr zum Spielen gekommen. Die Mutter der beiden, unsere Bademeisterin – mich hatte sie an der Angel –, trug jetzt Schwarz, auch in der Badeanstalt.

Bei meiner Ankunft auf dem Bauernhof empfing mich eine lebhafte Diskussion über die Nürnberger Prozesse. Die Namen verwirrten mich, was passierte denn da?

In der Stube der Schrank mit den Glastüren, dahinter Bücher. War mein Lehrlingstagebuch in Ordnung, durfte ich lesen: Fach- und Sachbücher über die Landwirtschaft interessierten mich weniger, ich fand Bergengruen und lernte, dass es viel Interessantes und Schönes in der Welt gibt. Leider war ich abends immer sehr müde.

In einer freien Stunde am Sonntagnachmittag beobachtete ich eine Ratte, die ihre Jungen von einem Nest zum anderen transportierte: Meine erste Geschichte entstand, das Schreiben machte Spaß. Ein plattdeutsches Gedicht folgte, ich trug es am Erntefest vor, und sogar mein strenger Chef musste lachen. Meine Verse erschienen überdies in einem Tageblatt und einer landwirtschaftlichen Zeitung:

De Hoff, ob den ick Lehrling wüür, dat is'n ganzen groden,
he harr en Stall und ok en Schüür un liggt op Hullsteens Boden.

Mien Chef, dat is en kloken Mann, un mok ick wat verkehrt,
keum he mit vele Mittel an, de he dann utprobeert.
So sünndags, wenn den Hoff ick feg, neum ick den Hundedreck,
gau rünner denn vun alle Weg un inne nöögste Eck.
Natürlich hett de Chef dat markt, Jung, keum he avers an,
ganz mächtig hett he mit mi quakt, ick mutt nochmol werr ran.
Un wi harrn Hunn, ne ganze Masse, und wat de so künnt scheten,
ok wenn se vun de beste Rasse, dat ward ji ok woll weten!

(Anm.: Ich musste tatsächlich einen Sommer lang sonntags Hundedreck fegen.)

Da gab es einen Jungen, der mit Geld um sich warf. „Geld muss wachsen", hatte seine Oma gesagt. Ich wollte ein plattdeutsches Gedicht daraus machen, er winkte ab: „Beuker bün ick leed, de laat in't Schapp man stahn, dat Best is, dor vörbi to gahn!" Ich weiß, er hasste Bücher, konnte kaum lesen, ich schrieb die Geschichte trotzdem.

Für ein Wintersemester durfte ich eine Landwirtschaftsschule besuchen. Endlich Schule und, wenn auch nur ein bescheidener, erfolgreicher Abschluss. Später, als Mutter von drei Kindern (den Jüngsten gelegentlich mitgenommen), absolvierte ich eine zweijährige „Frauenfachschule" und war nun eine Meisterin, was mir irgendwie nie geholfen hat. Oder?

Erste Ziele nach Beendigung meiner Lehrzeit waren Buchhandlungen. Ich fand Theodor Krögers „Das vergessene Dorf", dramatisch und spannend: Ein Mann, der über seine vierjährige Verbannung in Sibirien berichtet, Angst, Verfolgung, Krankheit, Liebe, Hunger und Sterben erlebt und keine Unterhaltung will, sondern sein Leben beschreibt.

Dostojewskis „Idiot", „Schuld und Sühne", „Die Brüder Karamasow" – erste Weihnachtsgeschenke an meinen Mann und seinen Vater. Ich versorgte meinen Schwiegervater, er erzählte mir seine Geschichte über die Flucht aus Schlesien. Ich schrieb und schrieb. Mein Mann berichtete von seinen Erlebnissen aus Militär und Gefangenschaft, er wurde als Sechzehnjähriger eingezogen und kam mit siebzehn in russische Gefangenschaft. Beide Männer mochten Dostojewski.

Ich fuhr nach Schlesien. Das Anwesen der Familie wurde von Russen zerschossen, in den „Leutehäusern" leben heute Polen; ich kam mit einigen in Kontakt und schrieb und schrieb – auch Briefe an die Familien, später auch für meine Urenkel von Tieren aus Schlesien.

Später bekam ich von einer Schlesierin „Schlesien, Land der Schlösser" von Josef von Golitschek, Ersterscheinung 1978. Wie gern hätte ich es mit meinem Mann angesehen! Mein Schwiegervater war bereits verstorben.

Petra Morsbach, Freundin und Autorin, leidet unter Hörproblemen, ihre Interviews wurden auf CDs aufgenommen, ich tippte ab und lernte so all ihre Werke kennen, ehe sie erschienen.

Petra geht es um Recht und Gerechtigkeit. Ihr letztes Buch, „Justizpalast", wird verfilmt. Sie sagt, auch hier – beim Film – wird ums Geld gefeilscht, ob es den Leuten wirklich um Existenzgründe geht? Sie fordert auch bei diesen Verhandlungen Recht und Gerechtigkeit und sagt: „Ich werde wohl nachgeben müssen, hoffentlich machen sie keinen Klamauk-Film daraus ..."

Ich schrieb die Lebensgeschichten anderer auf. Thora, in England verheiratet, schickte zettelweise, was ich ordnen sollte. Eine interessante Lebensgeschichte: Der Vater Hochschullehrer, die Mutter Dänin, verließen wegen der Bomben auf Hamburg die Innenstadt, zogen mit ihren zwei Kindern in ein Schrebergarten-Häuschen und stapelten zum Schutz gegen Bombensplitter ihre umfangreiche Bibliothek an die dünnen Innenwände ihrer Behausung. Es hat genützt. In der Nähe stürzte ein Flugzeug ab.

Ich lernte Schafo kennen. Schafo, ein Sinto, berichtete vom Igel-Braten. „Das dürft ihr nicht", hatte der Doktor ihn belehrt, „das macht man in Deutschland nicht." Mich bewegt die Beichte des Alten, und auch seine Geschichte schreibe ich auf. Viele Tote hat es während des „Dritten Reiches" in seiner Familie gegeben. Er, als einer von wenigen aus der Sippe, hat die schlimmen Jahre überlebt.

Eine weitere Lebensgeschichte entstand nach Erzählungen von Walburga. Sie musste als Sechzehnjährige fluchtartig vor den anrückenden Russen ohne Eltern Ostpreußen verlassen. Nach abenteuerlichen Bahnfahrten – deutsches Militär hatte Vorrang – kam sie nach Schleswig-Holstein. Sie erzählte mir außerdem eine anrührende Hundegeschichte, die ich aufschrieb.

Nebenher übersetzte ich Sütterlin-Arbeiten, darunter eine weitere Lebensgeschichte.

Ich schrieb auch über meinen Vater, und bei alldem las und lese ich, was mir in die Hände kommt.

Es gibt so viel Schönes, auch Noten! Noten für jede Art von Instrumenten, sie lesen und eine Melodie erkennen, besser noch, spielen zu können, ist eine Bereicherung …

Meine eigene Lebensgeschichte schrieb ich im Jahre 2016 auf und ahnte nicht, dass zur gleichen Zeit ein neues Buch über Schlesien entstand: „Niederschlesische Schlösser" von Erich Stübinger. Mein Sohn hat es entdeckt. Ich sehe auf Seite 23 das 1945 von den Russen zerschossene Rittergut Weißenleipe meines Schwiegervaters zum zweiten Mal in einem Buch.

Ich schreibe dem Autor und danke ihm.

Gisa Ehrlich

Meine Liebe zum Lesen

Wenn man das ungeheure Glück hat, sehr früh einen Zugang zum Lesen zu bekommen, kann man ein zweites Leben entwickeln, eine Parallelwelt mit Suchtpotential und Freiheiten, die der Alltag nicht unbedingt bietet. Sehnsuchtsorte, Perspektiven, Ersatzerfahrungen. Seelentröster, Informationsquellen, Ratgeber, Fluchten, Freude, Genuss – und immer unterlegt mit Neugier auf Neues oder Nichterlebbares.

Lesen wurde für mich unverzichtbar, sobald ich es konnte. Die Kinder- und Jugendliteratur der 1950er und 1960er Jahre, natürlich strikt getrennt in Mädchen- und Jungenbücher, deutsche, englische und französische Schulliteratur, fremdsprachliche Literatur in meinen Auslandsjahren und die Literatur der Frauenbewegung, dazu deutsche Literatur der Jahre, die während meines Auslandsaufenthalts erschienen war.

Und immer wieder Phasen, in denen ich Bücher viele Jahre später noch einmal gelesen habe. Erschreckend das Kinder-, Frauen- und Familienbild, das uns vermittelt wurde. Bücher aus der Jugendzeit zu lesen, ist aus heutiger Perspektive schwer erträglich. Spannend hingegen Schulliteratur wie etwa Bücher und Geschichten von Somerset Maugham. Was 15- bis 18-Jährige als wenig nachvollziehbar und darum ziemlich langweilig empfanden, wird mit einigen Jahren Lebenserfahrung und vertieften Sprachkenntnissen zu einer fesselnden Schilderung zwischenmenschlicher Gefühle.

Meine Lehr- und Wanderjahre führten mich durch Weltliteratur und Themen von unglaublicher Vielfalt, sind noch nicht beendet und eröffnen immer wieder ungeahnte und interessante Perspektiven. Nichts ist aufregender, als Autorinnen und Autoren und Themen zu entdecken, die den Horizont erweitern.

Vor vielen Jahren sah ich im Schaufenster eines Antiquariats ein Buch, das Somerset Maugham in einer seiner Kurzgeschichten erwähnt: „Voyage autour de ma chambre". Leider kostete es damals mehr als 5.000 DM und lag somit weit außerhalb meiner finanziellen Möglichkeiten. Vielleicht ist es auch besser so, denn für mich verkörpert der Titel dieses Buchs das Versprechen der unbegrenzten Möglichkeiten, die mir die Literatur zu Hause in meinem Lesesessel bietet. Selbst in Pandemiezeiten bleibt die Welt der Literatur grenzenlos.

Ich bin schon gespannt auf die nächste Entdeckung!

Käthe Löser-Brookmann

Bücher, die mein Leben begleiten

Im Moment liegt neben mir eine Fibel. Der Titel lautet: „Mein erstes Buch" – zum Anschauen, Zeichnen, Lesen und Schreiben – von H. Brückel, unter Mitarbeit von Württemberger Lehrern. Erschienen ist es 1955. Es war mein erstes Lesebuch und ist völlig zerfleddert. Ich liebe es immer noch, denn es eröffnete damals einem kleinen Mädchen eine neue, riesig große Welt – Lesen!

In der Dorfschule, die ich besuchte, gab es nur einen Lehrer für alle Klassen. Dieser Mann, ein wirklicher Pädagoge, sollte sich als Glücksfall für mich erweisen. Eine seiner ersten Neuerungen war die Aufstellung eines schlichten Kleiderschrankes, ausgestattet mit vielen Fächern und abschließbar: die erste Leihbibliothek meines Lebens. Als ich alt genug war, um Herrin über diesen wunderbaren Schrank zu werden, hatte ich längst den gesamten Inhalt durchgelesen und durfte meine Interessen bei Neuanschaffungen mit einbringen. Bei der Aufnahmeprüfung für das Internat wurde ich gefragt, ob und was ich gerade lese – es war „Die Schatzinsel" von Stevenson – und ob ich nicht ein wenig davon erzählen möchte. Aber gerne doch! Es bedurfte mehrerer Anläufe, meinen begeisterten Redefluss zu stoppen, aber ich hatte das Gefühl, dass die mich prüfenden Menschen diese Begeisterung wohlwollend aufnahmen. Nach zwei Jahren wurde mir der Schlüssel für die Schulbibliothek übergeben – es war der Himmel auf Erden! Ein wunderbarer großer Raum mit riesigen Glasschränken – mit Wehmut dachte ich an meinen Dorfschul-Kleiderschrank zurück. Aber ich war in meinem neuen Reich glücklich und las. Die Mitschülerinnen, die sich Bücher ausleihen wollten, empfand ich eher als störend …

Dann gab es aber auch noch die Pflichtlektüre, Literatur, die auch behandelt werden wollte. Die war zwar wichtig, für mich damals meist nebensächlich – bis auf ein Buch. Nun ich muss zu meiner Schande gestehen, dass ich mir dieses Exemplar widerrechtlich angeeignet habe. Ich habe es nicht direkt geklaut, ich habe schlicht „vergessen", den Faust zurückzugeben … Die Schulzeit war zu Ende, das Buch befand sich immer noch in meinen Habseligkeiten und ich beschloss, es zu behalten, da es mir sehr wichtig geworden war. Es begleitete mich lange Zeit durch mein Leben, bis ich es meiner Tochter zum bestandenen Abitur schenkte, worüber sie sich offensichtlich freute. Ob sie das Werk gelesen hat, weiß ich nicht und hinterfrage es auch nicht. Aber immer, wenn ich am Bücherschrank der Kinder vorbeikomme, freue ich mich, „meinen Faust" wiederzusehen.

Das waren nur zwei herausragende Bücher, die mich begleitet und geprägt haben. Es kam noch das eine und andere Exemplar hinzu, nebst einem Ehemann, der auch an keiner Buchhandlung vorbei- und meist nicht mit leeren Händen herauskam, so dass wir beim Umzug von Baden-Württemberg nach Schleswig-Holstein geschätzt 5000 Bände einpacken durften – jedes Buch geliebt und mit seiner eigenen, für uns wichtigen Geschichte.

Angelika Schwarz

Meine Entdeckungsreise zur Literatur

M eine Geschichte beginnt an einem wunderschönen Sonntagmorgen im August 2006. Ich muss dazu sagen, ich liebe es, am frühen Morgen, wenn die Sonne ihre ersten wärmenden Strahlen auf die Erde schickt, mit dem Fahrrad zum nächstgelegenen Flohmarkt zu fahren. So geschehen auch an jenem Morgen. Es war noch sehr früh, als ich den Flohmarkt am Rathaus erreichte. Manche Verkäufer bauten gerade ihre Stände auf und drapierten ihre Ware auf den mitgebrachten Tischen. Andere wiederum, welche vermutlich schon sehr früh angereist waren, tranken schon genüsslich eine Tasse Kaffee, die sie sich aus ihrer Thermoskanne eingeschenkt hatten. Insgesamt herrschte ein geschäftiges Treiben. Einige Flohmarktbesucher bewegten sich suchend durch die Reihen oder waren schon in ein Gespräch mit dem jeweiligen Verkäufer verwickelt.

Nachdem ich etliche Stände angeschaut hatte, fiel mein Blick auf eine Frau mittleren Alters, die auf ihrem Tisch eine große Anzahl an mitgebrachten Büchern aufgebaut hatte. Da ich Bücher sehr liebe, ging ich auf sie zu, schenkte ihr ein kurzes Lächeln und blickte auf die große Auswahl. Vorsichtig strich ich mit den Fingerkuppen über die Buchreihen, immer auf der Suche nach etwas ganz Besonderem. Plötzlich stockte ich. Mein Herz schlug schneller. Da war sie – meine Kindheit! Oder wenigstens ein Teil davon. In einer Kiste lagen unscheinbar, dicht an dicht, drei Westermann-Fibeln. Die erste Lektüre, nach der ich lesen und schreiben gelernt hatte. Meine Erinnerungen an die für mich damals große weite Welt. Ich nahm die grauen Hefte vorsichtig in die Hand und hielt sie wie einen Schatz. So viele Erinnerungen schossen mir durch den Kopf. Die Geschichten von Heiner, Gerda und dem Hund Lumpi, die gemeinsam Abenteuer erlebten. Wie stolz ich war, als ich in der ersten Klasse die ersten Sätze zu lesen erlernte! „Da ist Heiner. Heiner fährt mit dem Roller." Mühsam, aber voller Freude, erarbeitete ich mir Satz für Satz.

Mit der Zeit, als das Lesen etwas fließender gelang, entwickelte ich eine besondere Freude am Vorlesen. Da meine Eltern nicht sehr viel Zeit hatten, denn sie arbeiteten beide, um mich und meine Geschwister versorgen zu können, mussten oft auch meine beiden Puppen und mein Teddy dafür herhalten. Ich muss sagen, sie waren die geduldigsten und aufmerksamsten Zuhörer und trugen mit Sicherheit dazu bei, dass ich das Lesen und Schreiben sehr schnell erlernte.

Irgendwann reichten mir diese Fibeln nicht mehr. In unserer Nähe gab es aber eine Bücherei. Und sie wurde ein weiterer meiner Lieblingsorte. Sie war groß und hell, und es gab unendlich viele Bücher. Wenn ich diesen Raum betrat, der einen Geruch nach gebohntem Holzfußboden und Büchern verströmte, fühlte ich mich geborgen und auch etwas aufgeregt. Auch heute ist es noch so, dass ich ein richtiges Buch in den Händen halten muss und E-Books für mich keine Alternative darstellen.

Teilweise verbrachte ich ganze Nachmittage dort. Am Ende nahm ich jeweils einen Bücherstapel mit, welchen ich dann bis zum nächsten Abgabetermin regelrecht verschlang. Mit den jeweiligen Protagonisten begab ich mich auf Spurensuche zu einem versteckten Schatz, reiste auf einsame Inseln oder erlebte lustige Abenteuer mit einem sehr starken Mädchen namens Pippi Langstrumpf.

All diese Erinnerungen kamen mir in den Sinn, als eine Stimme mich wieder in die Gegenwart holte. „Ihnen scheinen diese Hefte sehr viel zu bedeuten", sagte eine freundliche Stimme. Ich blickte auf und lächelte die Frau an. Dann erzählte ich ihr kurz, was es mit diesen Fibeln auf sich hatte und wie ich die Freude an der Literatur und am Vorlesen entdeckt hatte. Wir kamen ins Gespräch, und sie erzählte mir von ihrem Vater, der Schulleiter gewesen war und sich jetzt im Ruhestand befand. Durch eine Erkrankung war er fast erblindet und suchte nun eine Vorleserin. Da wir uns beide sehr sympathisch waren, tauschten wir Adressen und Telefonnummern aus und vereinbarten einen Termin zum Kennenlernen.

Bei unserer ersten Begegnung war ich schon etwas aufgeregt. Was erwartete mich dort? Wer war dieser Lehrer? Entsprach ich seinen Vorstellungen? All diese Gedanken gingen mir durch den Kopf. Meine Aufregung war jedoch unbegründet, denn ich spürte, dass auch hier eine Sympathie füreinander vorhanden war und wir uns gegenseitig sehr ergänzten. Er war und blieb mit Leib und Seele Lehrer, und ich liebte es, ihm vorzulesen und mit ihm in den Dialog zu treten. Da er einen Riesenfundus an Literatur besaß, eröffnete sich so für mich ein Zugang zu weiteren Büchern, die mich während meiner Schulzeit nie wirklich interessiert hatten. Wir lasen Klassiker von Johann Wolfgang von Goethe über Bertolt Brecht bis zu Max Frisch, aber auch viele neuere Autoren. In besonderer Erinnerung blieb mir das Buch von Bertolt Brecht „Aufstieg und Fall der Stadt Mahagonny", in dem es inhaltlich grob gesagt um die Gier nach Macht und Geld und den Verlust der Menschlichkeit geht. Ein Thema, das, wie ich meine, bis zur heutigen Zeit aktuell geblieben ist. Wir lasen diese Bücher nicht nur, sondern setzten uns intensiv mit ihnen auseinander. Ich erhielt viel geschichtliches und persönliches Hintergrundwissen über die einzelnen Autoren, sodass wir anschließend in den Dialog treten konnten. Für mich war es ein Glücksfall, auf so einen Menschen zu treffen, der mit so viel Leidenschaft Deutschlehrer gewesen war. Fasziniert hing ich an seinen Lippen, die so weise, kritisch und klar erzählen konnten. Eine Begegnung, die mich bewegte und meinen Blick auf die Welt veränderte. Dieser wöchentliche Besuch endete dann leider nach einigen wenigen Jahren mit seinem Tod.

Wenn ich so darüber nachdenke, gab und gibt es immer wieder Menschen in meinem Leben, die mich durch ihre Art und Weise des Schreibens inspirieren, einen anderen Blickwinkel und eine andere Sichtweise auf die verschiedensten Dinge zu werfen. So lernte ich viel später einmal einen Menschen kennen, der neben seinen vielen wissenschaftlichen Büchern auch wunderbare Gedichte schrieb. Da wir in regelmäßigem Kontakt zueinander standen, erfuhr ich auch hier die jeweiligen Hintergründe. Zu jedem Gedicht gab es eine kleine

Geschichte, die er selbst erlebt, recherchiert oder fantasiert hatte. Auch er hatte so eine wunderbare Art, die Dinge kritisch zu betrachten und ihnen auf den Grund zu gehen. Als weitgereister Mann, der in den verschiedenen Ländern, die er besuchte, nicht als Tourist unterwegs war, sondern an den jeweiligen Universitäten und Hochschulen unterrichtet hatte, bekam er vielfältige Einblicke in das alltägliche Leben des betreffenden Landes. Diese intensive Auseinandersetzung mit den Menschen und dem Land hat seine Erlebnisberichte sehr authentisch und interessant werden lassen. Durch seine Art des Erzählens hat er mich in einer bestimmten Weise an seinen Reisen teilhaben lassen.

Ich habe gelernt, solche Begegnungen wertzuschätzen. Manchmal sind diese nicht von langer Dauer, aber immer wieder bereichernd. Derartige Kontakte haben meine Lust und Freude am Lesen von unterschiedlichsten Formen der Literatur nachhaltig geprägt und erhalten, und ich liebe es, Bücher zu lesen, die mich berühren, schmunzeln lassen oder in eine andere Welt entführen.

Petra Baruschke

Vom Hören und Lesen

Literatur in jeder Form ist für mich schon immer eine Art Lebenselixier. So lange ich zurückdenken kann, habe ich gelesen, gelesen, gelesen. In meiner Schulzeit zählte ich – wie wohl die meisten meiner Klassenkameradinnen – zu den eifrigsten Mitgliedern unserer Stadtbibliothek im Dresdner Stadtteil Weißer Hirsch/ Bühlau. Vor den Ferienzeiten schleppte ich stapelweise Bücher nach Hause, um die unterrichtsfreie Zeit in der Welt von Honoré de Balzac, Alexandre Dumas oder Theodor Fontane zu verbringen. Wie oft holte ich mir zu Hause einen mütterlichen „Rüffel" ab, wenn ich bei herrlichstem Sonnenschein mit einem Buch auf den Knien lesend drinnen im Halbdunkel saß, mit „Effi Briest" litt oder mit den „Drei Musketieren" gegen die böse Lady de Winter ins Feld zog. (Nicht von ungefähr übrigens heißt heute mein Kater „Porthos", da er als kleiner Katzenkerl ein Bärtchen wie ein Musketier vorzeigen konnte.)

Ich tauchte tief ein in Robert Merles Roman „Malevil", in dem er die Dramatik eines Atomkrieges und das Überleben in einer postapokalyptischen Welt beschreibt. In einer Lesepause war ich im Garten sitzend regelrecht über das Sonnenlicht und das Gezwitscher der Vögel erstaunt. Schon immer konnte ich mich mit den Protagonisten meiner „Lesebücher" identifizieren und ihren Schmerz oder ihre Freude wahrhaft nachempfinden.

Wie oft bekam ich in dieser Jugendzeit mütterliche Ratschläge zu hören, doch wenigstens im Licht zu lesen, um mir nicht die Augen zu verderben. Ja, hätte ich doch darauf besser gehört, denn heute kann ich meinem Hobby nur noch mit einer Brille auf der Nase frönen.

Doch nichts kann mich auch heute vom Literaturgenuss abhalten. Auch wenn meine Freizeit inzwischen radikal reduziert ist, nutze ich einfach andere Medien und „höre" die Bücher. Verschiedene Plattformen im Internet bieten mir die Gelegenheit dazu, die aktuellsten Bestseller hörend mit winzigen Bluetooth-Stöpseln in den Ohren zu genießen. Auch dabei kann ich alles um mich herum vergessen, und wie oft schrecke ich auf, wenn ich auf dem Nachhauseweg aus der Redaktion und dem neuesten Taunus-Krimi von Nele Neuhaus in den Ohren plötzlich und irgendwie „weit weg" meinen Namen höre. Spätestens am Grinsen meines Gegenübers erkenne ich dann, welchen „entrückten" Gesichtsausdruck ich beim Hörbuch-Hören offenbar aufgesetzt haben muss.

Zu meiner Überraschung und auch großen Freude habe ich allerdings vor Kurzem in meinem Urlaub auf einer sonnenverwöhnten Insel zurück zum „Lesen" gefunden. Als Neu-Mitglied der digitalen Lesewelt der „Onleihe" nutze ich dafür mein Tablet und kann die Bücher lesen, ohne kiloweise dicke Schmöker durch die Gegend schleppen zu müssen. Welche wundervolle Erfahrung, am Strand zu liegen und dabei wärmende Sonnenstrahlen auf der Haut zu spüren und – zu lesen! Die Technik macht es möglich, dass sich dabei sogar die Schriftgröße einstellen lässt. Gut, die Brille benötige ich dennoch, aber das Blättern durch einfaches Antippen des Tablet-Bildschirms empfinde ich als eine geniale Erfindung. Auf diese Weise ist es mir gelungen, in einer Urlaubswoche drei (!) Bücher zu lesen und sogar eines noch dazu zu hören. Und wie ideal – das Tablet kann fast überall dabei sein, auf dem Laufband, abends kurz vor dem Einschlafen im Bett, und wenn der Akku nachgeladen werden muss, kann ich hörend für die Fortsetzung der Lektüre sorgen. Mein Lebensmotto könnte also durchaus lauten: Kein Tag ohne Buch, gelesen oder gehört.

Albrecht Bedal

Ohne Schutzumschlag und mit Klebstoff

Gerade als ich ein von mir neu verfasstes und gestaltetes Buch druckfrisch in den Händen hielt, kam ein Anruf aus dem hohen Norden, ob ich mir vorstellen könnte, an dem Projekt „Wir lieben Bücher" mitzuschreiben. Gerade ein Buch selbst ediert – wie sollte ich da nicht Bücher lieben? Deshalb hat es mich sofort gereizt, dazu etwas beizutragen – wenn man Bücher sogar selber macht, nicht nur schreibt, sondern auch illustriert mit eigenen Fotos und Zeichnungen. Allerdings, wie ich verstanden habe, soll es mehr darum gehen, warum man Bücher anschafft, liest, in den Bücherschrank oder ins Regal stellt, viele Jahre vergisst und dann irgendwann wieder ein schon mal gelesenes Buch neu entdeckt – und dann ist der Schutzumschlag kaputt oder verschwunden.

Mein erstes Buch, das ich mir bewusst selber ausgesucht habe und von dem ich heute noch weiß, war ein Sachbuch. Ich „erwarb" es auf dem Hofer Volksfest bei einer Losbude. Merkwürdig, nicht? Wie üblich war man mit ein paar Groschen von den Großeltern (wahrscheinlich eher vom Großvater) ausgestattet; im Alter von etwa zwölf Jahren galt ein Besuch des großen Rummelplatzes als großes Vergnügen. Aber anders als meine Altersgenossen habe ich auf die Fahrgeschäfte mit ihren Schwindelgefühlen gerne verzichtet und mir von meinem Taschengeld lieber einige Lose beim Rot-Kreuz-Stand gekauft, weil ich dort als möglichen Gewinn ein dickes Buch entdeckt hatte. Und tatsächlich, ich hatte einen Volltreffer und durfte mir aus dem Angebot von Plüschtieren, Volksfestnippes und anderen „schönen" Dingen etwas aussuchen – freie Auswahl! Zum Erstaunen des Budenbetreibers verlangte ich nach dem einzigen ausgestellten Buch, einer Geschichte der Entdeckungsreisen. Leider ist das Buch nicht mehr in meinen Regalen zu finden; vermutlich ist es irgendwann bei unseren vielen Umzügen verschwunden, oder ich habe es eine Zeitlang nicht mehr wertgeschätzt, weil es mir zu „kindisch" war? Ich weiß es nicht mehr. Auch habe ich seitdem nie mehr einen Volltreffer beim Loskaufen gelandet.

Das zweite frühe Buch, an das ich mich gut erinnere, habe ich gerade eben anlässlich dieses Beitrages ganz flott aus dem Bücherregal gezogen. Nach über sechzig Jahren hatte ich es sofort entdeckt. Das ist natürlich ein guter Anlass, mal wieder in diesem Buch aus dem Jahr 1956 zu blättern. Ich wusste zwar noch den Titel, dass es aus dem „Ostblock" stammt (so hat man damals gesprochen) und dass es weitgehend eine Reisebeschreibung ist, aber dass darin so beeindruckende Aufnahmen aus Tibet im Kupfertiefdruck, einige sogar in Farbe, gezeigt werden, das wusste ich nicht mehr. Wie kam ein solches Buch in den Besitz eines Vierzehnjährigen? Ich habe es zur Konfirmation 1961 erhalten, aber nicht von der Verwandtschaft oder Freunden der Familie, sondern von unserem damaligen Lebensmittelgeschäft „Throne" in Hof in der Ernst-Reuter-Straße. Der Kaufmann Throne war sehr fortschrittlich, er hatte seinen Laden schon

Ende der 1950er Jahre auf Selbstbedienung umgestellt; unsere Familie war bei ihm, da wir in der Nähe wohnten, Stammkundschaft. Ich war als Kind immer gerne dabei und war stolz, auch allein einkaufen zu dürfen. Und so wurde dem Filius anlässlich seiner „Beicht" (wie man landläufig sagte) vom Nachbarschaftsversorger dieses Buch geschenkt. Der Schutzumschlag ist verschwunden.

Aber wie kam der Kaufmann darauf, einem Buben von vierzehn Jahren so ein Buch zu schenken? Üblicherweise bekam man aus diesem Anlass eine kleine Aufmerksamkeit aus dem Geschäft, vielleicht Pralinen oder etwas zum Naschen. Aber ein Buch von einem Lebensmittelladen? Aus heutiger Sicht böte es sich an, diesem Ereignis etwas mehr nachzugehen. War es ein zufälliger Griff in eine Kiste, in der ein paar ausgediente Exemplare auf die richtige Gelegenheit warten konnten? War es ein Geschenk, das auch andere Jugendliche von ihm erhielten? War Kaufmann Throne daran interessiert, die damals schon fast halbstarke Jugend zu bilden und sie mit fernen Ländern vertraut zu machen? Hatte er Beziehungen zu kommunistischen Ländern? Schätzte er mich oder vielmehr die Familie als intellektuell ein? Konnte er solche Bücher vielleicht preiswert erwerben, da sie sonst niemand wollte? Das Buch ist in der damaligen Tschechoslowakei entstanden, verfasst und gedruckt im Verlag ARTIA in Prag. Verfasser und Fotograf waren Tschechen, der Text in gutes Deutsch übersetzt. Mich hatte das Buch „Der Weg nach Lhasa" zwar in eine fremde Welt entführt, aber Anfang der 1960er Jahre war Tibet ein verbotenes Land und für westliche Besucher nicht zugänglich. So verlor ich langsam mein Interesse an dieser Darstellung und widmete mich mehr den Kunstschätzen und Bauwerken der näheren Umgebung.

Ich bin in einer Familie aufgewachsen, in der Bücher immer selbstverständlich zum Leben gehörten. Mein Vater war immer an Büchern mit Darstellungen des Lebens, zur Heimatgeschichte, an Kunstbüchern interessiert; beide Eltern traten schon sehr früh der Deutschen Buchgemeinschaft bei, um immer wieder frischen Lesestoff zu erhalten. Dazu illustrierte mein Vater für einige Verlage Kinderbücher und Geschichten, dazu den damals beliebten „Heimatkalender für Fichtelgebirge und Frankenwald". Anfänglich war er nur der Zeichner von Bildern. Als der kleine Verlag jedoch aus Altersgründen des damaligen Inhabers vor dem Ende stand, übernahm mein Vater ihn kurzerhand und wurde Verleger um des geliebten Heimatkalenders willen. Jetzt hatte er die Mühe mit Druckerei, mit Anzeigen, mit Auslieferung und Abrechnung. Die Zustellung des im Herbst erschienenen Kalenders musste in der frühen Adventszeit geschehen. Manche Buchhandlungen in der Region hatten fünf Exemplare „auf Kommission", manche zehn und sogar manche zwanzig oder mehr bestellt. Nur wie sollten diese Kalender dahinkommen? Mit der Post hätte es viel zu lange gedauert, die Familie (sprich die Buben und die Mutter) hätte alles selber einpacken müssen, und, wie immer bei uns zu Hause, lief viel auf den „letzten Drücker", typisch für den Haushalt eines Selbständigen.

Da vertrauten meine Eltern mir, gerade mal achtzehn Jahre alt und am Nachmittag trotz bevorstehenden Abiturs gerne zur Verfügung stehend, ohne Bedenken das Familienauto an, einen Opel Rekord Baujahr 1959 mit 45 PS. Mit dem sollte ich die diversen Schreibwaren- und Bücherläden zwischen Hof und Marktredwitz, zwischen Kronach und Bayreuth aufsuchen. Damals waren allerdings die Winter noch Winter, insbesondere im rauen Oberfranken. Gegen die Einsamkeit auf den Fahrten durch die Winternächte habe ich meine Freundin mitgenommen – ich denke heute, meine Eltern haben das stillschweigend gebilligt, wollten aber nichts Genaueres wissen.

Auf der Hinfahrt war es meistens noch hell, der Opel mit Heckantrieb mit den Kalendern im Kofferraum mit gutem Gewicht ausgestattet, ging auf schneeglatten Straßen mit den Spikes gut voran, aber auf der dunklen Rückfahrt kam das Auto schon mal ins Schlingern. Unvergessene kilometerweite Fahrten im Halbdunklen zwischen Schneewechten und Schneepfosten, häufig war die Straße nicht mehr zu erkennen – und immer daran denkend, wo und wie wir den nächsten Laden finden und ob überhaupt noch jemand da ist. Ich denke, meine Eltern haben diese Fahrten ihres jüngsten Sohnes nie als besonders spannend oder gefährlich empfunden und haben sich keine Sorgen um das Wohlbefinden des Fahrers gemacht (respektive der späteren Schwiegertochter). Für sie hatte Priorität, dass die Kalender pünktlich ausgeliefert wurden, Unkosten und Ängste spielten dabei keine Rolle.

Aber nicht nur, dass mein Vater die Herausgabe verantwortete, er erstellte dann auch aus Kostengründen den Umbruch selber, und dabei durften wir Jugendliche schon mal kräftig helfen. Damals gab es noch keine einfachen Druckverfahren, alle Bilder, ob Fotos, Zeichnungen oder andere diverse Vorlagen, mussten als Klischee hergestellt werden und wurden dann zusammen mit dem vorab gesetzten Text in Druckkästen Seite für Seite zusammengestellt. Um den Druckern anzugeben, wie die Seiten mit den Abbildungen und dem Text aufzuteilen waren, wurde ein papiernes Exemplar als Muster hergestellt, dafür wurden die vorab gesetzten Texte zerschnippelt, Bilder eingefügt und alles zusammengeklebt – eben der Umbruch, heute als Layout bezeichnet. Und beim Andruck war man selbstverständlich in der Druckerei dabei, ob die Farbe richtig gewählt war, ob zu viel oder zu wenig aufgetragen wurde.

Als ich am Anfang meiner „Karriere" als Museumsleiter vor der Aufgabe stand, einen neuen Führer für das Freilandmuseum herauszugeben, konnte ich auf diese Erfahrungen zurückgreifen und damals den Haller Druckern das richtige Druckkonzept übermitteln. Ich saß tagelang zu Hause vor den Druckfahnen, ordnete Texte und Bilder, zerschnitt, klebte und verschob, bis dann tatsächlich ein Ergebnis dabei herauskam, das meinen Vorstellungen entsprach. Dabei kam mir zugute, dass ich wusste, man sollte nie einen ausgeschnittenen Bereich so fixieren, dass er nicht mehr zu verschieben war, und das gelang nur mit „Fixogum". Seitdem habe ich diesen Spezialkleber, mit dem man so schön Bilder und Papiere provisorisch festheften, aber auch wieder ohne Verlust entfernen konnte, nie mehr vergessen. Was heute die Maus und die Rückholtaste am Computer sind, war früher der Kleber „Fixogum".

Natürlich war man als Bücherliebhaber, Bücherbesitzer, Bücherausleiher und Büchermacher auf entsprechende Stellflächen in der eigenen Wohnung angewiesen. Da wird es verständlich, dass wir bis heute auf zwei Regalsysteme schwören, die unsere Bücher seit Jahrzehnten tragen: das berühmte „Billy-Regal" von „Ikea" und das aus massivem Holz gefertigte Regalsystem von „Lundia". In Zeiten von Video-Konferenzen oder Interviews am heimischen Bildschirm tauchen immer wieder diverse Regale im Hintergrund auf, und wir stellen oftmals erfreut fest, es sind häufig diese beiden Regaltypen bei den anderen Bücherwürmern. Dabei hat das „Billy-Regal" einen großen Nachteil: Bei achtzig Zentimetern Breite biegen sich die Spanplattenböden mit schweren Büchern schon erheblich durch, bei „Lundia"-Regalen mit ihren Leimholzbrettern bleiben sie schön gerade, selbst bei einem Meter Spannweite. Unsere ältesten Regale dieser Art stammen aus der Zeit um 1976 und erfüllen heute wie damals ihren Zweck optimal mit einer Tiefe von 22 Zentimetern, die für Bücher in A4-Größe ausreicht. Leider werden sie seit Jahren nicht mehr hergestellt; die Firma ist schon lange insolvent – wohl, weil weniger Regale gebraucht werden? Nicht nur Bücher werden nicht mehr benötigt, sondern auch die dazugehörenden Regale gehören zu den Auslaufmodellen der digitalen Welt.

Rudolf Klinge

Meine eigene Bücherwelt

Bücher sind wie Menschen: Es gibt Bücher, die uns weiterbringen, es gibt langweilige und unterhaltsame, solche, die uns aus der Seele sprechen, andere sagen uns nichts. Was können wir auch anderes erwarten? Denn hinter jedem Buch steht ein Autor, ein Mensch. In manchen Menschen meint man lesen zu können „wie in einem offenen Buch", andere sind und bleiben uns „ein Buch mit sieben Siegeln". Beides stimmt natürlich nur bedingt.

Bücher sind ein Teil unserer Kultur, die die Menschheit seit der Erfindung der Buchdruckerkunst intensiv verändert hat. Welch einen großen Schritt für die Menschheit hat uns der alte Johann Gensfleisch, genannt „Gutenberg", beschert! Die Erfindung des Buchdrucks war die folgenreichste Erfindung aller Zeiten.

Aber was macht die Menschheit mit diesem Schatz? Was sie aus allen Dingen nach Möglichkeit macht: GELD!

Werbekampagnen auf Buchmessen sollen neueste Bücher unter viele Leser bringen. „Bestseller" heißt doch nichts anderes als „am meisten verkauft"! Dazu bestücken Buchhändler oft ein ganzes Schaufenster mit nur einem einzigen Buchtitel, bis er durch einen neuen abgelöst wird. So gibt es manchmal Bücher, die nur einmal gelesen und dann nie wieder angerührt werden! Andere haben mich seit meiner Kindheit ein Leben lang begleitet, zum Beispiel „Des kleinen Lesers Freude" von J. Kniese und I. Carl, noch in alter Sütterlinschrift gedruckt. Es ist sicher nur noch antiquarisch zu haben. Für mich war es der Beginn einer ganz wunderbaren Bücherfreundschaft zum Schulanfang! Es steht auch heute noch in meinem Bücherschrank.

Zu allen Zeiten haben Kirche und Staat versucht, Einfluss auf die Erstellung von Büchern und Schriften zu nehmen. Manche Schriftsteller wurden rücksichtslos zum Widerruf ihrer Werke gezwungen. Ihnen drohte Verbot, ihre Schriften kamen auf den Index oder wurden konfisziert. Bücher, die der „öffentlichen Meinung" nicht folgten, wurden noch verbrannt, wenn der Autor selbst nicht mehr lebte. Schriftsteller wurden nicht selten von Gegnern verächtlich gemacht, verdammt, verfolgt, mit hohen Strafen belegt, lebenslang gefangen gehalten oder ermordet. In manchen Staaten ist das bis in die Gegenwart zu beobachten.

Wenn ich meinen Großonkel besuchte, legte er mir stets den „Humoristischen Hausschatz" von Wilhelm Busch (1832–1908) auf den Schoß. Das Gesamtwerk war 1909, also kurz nach dessen Tod, gedruckt worden. In meiner Erinnerung hatten der Dichter und mein Großonkel eines gemeinsam: den „stillen Humor". Wilhelm Busch hat – statt eines Vorwortes – sein Leben in launiger Sprache erzählt unter dem Motto: *„Kein Ding sieht so aus, wie es ist, am wenigsten der Mensch".* Ich schätze das Album auch deshalb sehr, weil es das einzige Erbe ist, das ich von meinem Onkel bekommen habe.

Die meisten Bücher erhielt ich zu meiner Konfirmation, wobei ein Dichter eine wichtige Rolle spielte für meinen späteren Beruf: Friedrich Schiller. Meine Begeisterung für eines seiner Werke verhalf mir zur Aufnahme in den gehobenen Dienst. Während der mündlichen Eignungsprüfung zum gehobenen Zolldienst wurden wir Bewerber nach einer bestimmten Hauptfigur aus Schillers Drama „Don Carlos" gefragt, und nur ich konnte den entscheidenden Satz im Gespräch zwischen Marquis von Posa und dem spanischen König sofort zitieren und erläutern: *„Sire, geben Sie Gedankenfreiheit!"* Die Prüfer waren offensichtlich so beeindruckt von meinen Literaturkenntnissen, dass ich meine Ausbildung als Zollinspektor-Anwärter zum 1. April 1956 antreten durfte. Auch heute ist dieser Satz von der Gedankenfreiheit für mich der schönste, den ich kenne. Ich habe mir auf meinem langen Dienstweg oft die Erfüllung dieser so wichtigen Forderung durch meine Vorgesetzten gewünscht.

Ein anderes Buch liebe und achte ich ganz besonders, ein Sachbuch, eher ein „Hilfsbuch zum Bestimmen von heimischen Pflanzen" von Professor Dr. Carl Börner. Als bekannter Biologe und Reblaus-Spezialist hat er sich um die Erhaltung der deutschen und europäischen Weingebiete verdient gemacht, indem er in dreißigjähriger Forschungsarbeit Rebsorten entdeckte und züchtete, die gegen die Reblaus immun sind. Wir Kinder durften „Onkel Carl" bei seinen Streifzügen durch die Natur mit Botanisiertrommel und Schmetterlingsnetz begleiten. Die Wiesen der Südsteiermark waren damals noch blütenreich und voller Insektenleben.

Durch diese Wanderungen wurde unser Interesse auf „ewige Zeit" für die Natur geweckt, sodass ich auch später während meiner Zeit im Grenzzolldienst die Vogel- und Pflanzenwelt gerne beobachtete. Dort, in den Moorgebieten zwischen Dänemark und Deutschland, war die Natur noch fast unberührt und in aller Stille zu erleben. Besonders die erwachende Natur in der Morgenfrühe war immer ein wunderschönes Erlebnis. Ein Nachtfernglas war sowieso immer dabei, und Carl Börners Bestimmungsbuch löste dabei manches Rätsel.

In meinen letzten Schuljahren in Schleswig verband mich mit meinem Biologielehrer Gerd Spanjer nicht nur die Begeisterung für die Natur. Wir veröffentlichten beide abwechselnd eigene Gedichte in den „Schleswiger Nachrichten", und ich durfte ihn außerhalb des Unterrichts zu Hause besuchen. Sein großes Vorbild war Hermann Löns, und er schrieb selbst einen Roman im Stile seines Vorbilds. Auch mir gefielen die Löns-Werke, besonders die Geschichte vom „Wald der großen Vögel". Darin schildert er sein Lieblingsdorf Ahlden in der Südheide zwischen Aller und Leine unweit der Meißendorfer Seen. Das Gebiet war schon seit Jahrhunderten Brut- und Siedlungsgebiet der Graureiher-Kolonien, die zu Hunderten hoch oben in den Ästen der Eichenwälder horsteten, sehr zum Ärger der Bauern in den angrenzenden Gehöften. Sie wollten den Fischreichtum in den Meißendorfer Gewässern nicht mit den Vögeln teilen und beschlossen, mit Waffengewalt gegen die Reiherkolonien vorzugehen. Weder das Abholzen der alten Eichen noch das brutale Töten der Altvögel und ihrer Brut brachte auf Dauer den von den Bauern gewünschten Erfolg. Die Reiher kamen stets zurück. Hermann Löns beendet seine Geschichte mit der Prophezeiung, dass noch in hundert Jahren eine Kolonie Reiher dort horsten würde!

Nach dieser Lektüre gab es für mich kein Halten mehr. Ich quartierte mich spontan in Ahlden ein, um nachzuprüfen, ob der Dichter mit seiner Prognose Recht behalten hatte. Immerhin waren schon mehr als fünfzig Jahre vergangen, seit diese Behauptung niedergeschrieben wurde. Die kleine Gaststätte von Ahlden hieß schon zu Löns' Zeiten „Zur Post", und es wurden dort immer gern Anekdoten und Geschichten über den Dichter erzählt. Auf meine Frage nach der Reiherkolonie bekam ich bereitwillig eine genaue Wegbeschreibung zum Gehölz. Dem Ruf der Altreiher und dem Geschrei der Jungvögel folgend wanderte ich zwischen Aller und der „Alten Leine" entlang, stapfte über saftige Wiesen, die zur Maienzeit längst vom Hochwasser befreit waren, bis ich mein Ziel erreicht hatte. Ein Eindringen in das Waldstück war mir unmöglich. Ein Dickicht von Brennnesseln, über zwei Meter hoch, schützte wie eine lebende Mauer das gesamte Areal über dem schwingenden Waldboden. Diese Pflanze war die einzige, die, vom Kot der Reiher gedüngt, dort besonders gut wuchs. Über mir zählte ich die Horste und kam auf dreißig, die meisten von zwei Jungvögeln besetzt. Eine genaue Anzahl der Elternpaare festzustellen, blieb mir verwehrt, denn immer neue Graureiher kehrten von der Futtersuche zurück. Die spitzen, hungrigen Schnäbel der Jungtiere streckten sich ihnen entgegen. Meine Anwesenheit schien zu stören, denn die Geräuschkulisse schwoll zu einem „Chor der Unmusikalischen" an. Nach oben zu blicken, erschien mir nicht ungefährlich, denn der herunterfallende Kot konnte ins Auge gehen und schwere Schäden anrichten. Ich umrundete das Gehölz mit der inneren Genugtuung, dass ich etwas Einmaliges und Großartiges erlebt hatte. Zufrieden und glücklich kehrte ich nach Hause zurück. Ich hatte genau das gefunden, wonach ich gesucht hatte.

Ein einmaliges Erlebnis hatte ich im Rentenalter. Als Mitglied der Senioren-Redaktion der Eckernförder Zeitung wurde ich gefragt, ob ich den Schülern in der Peter-Ustinov-Schule in Eckernförde Geschichten vorlesen würde. Ich stimmte zu, obwohl das Vorlesen Neuland für mich war. Interessierte Schüler aus verschiedenen Jahrgängen waren anwesend. Ich vermisste die gewohnte Ordnung von früher. Jeder Zuhörer setzte sich, wohin und wie er gerade wollte. Einer kam sogar mit seiner „Nuckeldecke" und legte sich mir zu Füßen, um zuzuhören. Ich hatte ein paar Kindergeschichten mitgebracht, aber die durfte ich nicht vorlesen. Nur vorgegebene Bücher waren erlaubt. Während ich las, wandte sich ein Junge von mir ab und beschäftigte sich mit anderen Dingen. Als ich ihn mahnend fragte, was ich wohl zuletzt gelesen hätte, wiederholte er den letzten Satz. Aha, dachte ich, ein gewieftes Kerlchen. Nach dem zweiten Kapitel meldete sich ein Mädchen und fragte, ob sie weiter vorlesen dürfe. Sofort waren die anderen auch dabei. Ich hatte nichts dagegen und ließ die ganze Runde reihum vorlesen. Der Inhalt des Buches schien wohl nicht nur mir langweilig.

Ein Leben ohne Bücher ist sicher möglich, aber sinnlos im wahrsten Sinne des Wortes, würde Loriot sagen. Eins steht fest: Bücher haben mich in meinem Leben weitergebracht! Ich habe bis heute gern gelesen, manche Bücher jedoch nur angefangen, andere ignoriert oder verschmäht. Jedoch „gehasst" habe ich Bücher nie. Sie waren für mich stets ein wichtiges Stück unserer Kultur. Wie werden wohl zukünftige Generationen Bücher einschätzen? Was wird aus „dem Buch" im digitalen Zeitalter? Wird es noch Bestand haben? In einem bin ich mir sicher: Es wird immer Menschen geben, die gern nach alter Art „schmökern". Und das ist gut so!

Helga Trabandt

Erinnerungen einer Bücherleserin

Ob man eine Leserin oder ein Leser wird, entscheidet sich meist früh im Leben. Wie kommt es, dass manche Kinder gern und viel lesen und diese Gewohnheit auch als Erwachsene beibehalten? Nicht immer wachsen sie in Familien auf, in denen die Eltern anspruchsvolle Literatur schätzen. Und umgekehrt gibt es Kinder, die sich für Bücher nicht interessieren, sie weder lieben noch hassen, obwohl sie in einem privilegierten Haushalt von klein auf von Büchern umgeben sind. Der amerikanische Romanautor Jonathan Franzen beschäftigt sich in seinem Essayband „Anleitung zum Alleinsein“ (2007) unter anderem auch mit dieser Frage. Er meint, dass die Leser und Leserinnen (die Frauen sind heute in der Mehrzahl) sich zu einem Zeitpunkt in ihrer Kindheit isoliert und unverstanden, „anders“ gefühlt hatten. Beim Lesen eines Buches blieben sie für sich, aber sie waren nicht einsam; vielmehr konnten sie eine ganz besondere Gemeinschaft mit den Figuren ihrer Phantasie und mit dem Autor bilden. Diese glückliche Erfahrung möchten sie immer wieder machen, selbst dann, wenn sie später ein reiches soziales Leben haben sollten. Franzen beobachtet bei sich und anderen: *„Nur verspürt man eben an einem bestimmten Punkt ein nagendes, beinahe reumütiges Bedürfnis,*

*allein zu sein und zu lesen – die Verbindung zu dieser
anderen Gemeinschaft wiederherzustellen.*" (S. 89)

Aber auch wenn es zum Wesen des Lesens (wie des
Schreibens) gehört, dass man sich dabei von der Welt
zurückzieht, so wird ein solches Kind doch früher oder
später Gleichgesinnte entdecken. Franzen bringt es auf
den Punkt: *„Wahnsinn, hier gibt's ja auch noch andere, die lesen.*" (S. 87) Lesen kann Freundschaften stiften,
Lesefreundschaften, in denen man über Bücher spricht,
sich wechselseitig Bücher schenkt, sich über Vorlieben
und Abneigungen austauscht; insbesondere die älteren
Menschen erzählen sich sehr gern auch ihre Lesege-
schichte.

Wie war das bei mir?

Lesen lernte ich schnell. Von den ersten Buchstaben
und Wörtern (Ii! und ATA und IMI, den Firmennamen
der damals verbreitetsten Putzmittel im Haushalt) ging
es zügig voran im Alphabet, und im Weihnachtspaket
meiner Patentante lag schon mein erstes Buch: „Gisel
und Ursel" aus dem Schneider-Verlag.

Dabei waren die Bedingungen nicht günstig gewesen.
Zwar neigte sich die eigentliche Nachkriegszeit schon
ihrem Ende entgegen, als ich 1950 eingeschult wurde.
Ein Jahr vorher waren die beiden deutschen Staaten
gegründet worden; im Mai verabschiedete man unser
Grundgesetz, und im August fanden die ersten Wahlen
zum Bundestag statt. Dank der großzügig gewährten
Marshallplanhilfen und dem weltweiten Boom nahm
auch die wirtschaftliche Entwicklung Fahrt auf. In diesem Jahr wurde die Versorgung mit Grundnahrungs-
mitteln immer besser, sodass schließlich die Ratio-
nierung von Lebensmitteln ganz aufgehoben werden
konnte, zuletzt wurden die Marken für Zucker abge-

schafft; die „Schulspeisung", das flächendeckende britische Hilfsprogramm, lief aus. Aber die Volksschulen waren fünf Jahre nach dem Krieg immer noch nur mit dem Allernötigsten ausgestattet. Ein Brikett brauchten wir nicht mehr zum Unterricht mitzubringen, wie noch die Schülerjahrgänge vor uns; den Kohleofen im Klassenzimmer heizten die Lehrkräfte jedoch nebenher selbst. Es fehlte an Personal; vierzig Jungen und Mädchen pro Klasse waren die Regel; vielerorts ging es nicht ohne Schichtunterricht; nicht wenige im Lehrerkollegium waren nur notdürftig in Kurzlehrgängen ausgebildet.

Dazu kam, dass viele Kinder zu Hause unter elenden Bedingungen lebten und unzureichend bekleidet und ernährt und häufig von Flöhen und Läusen befallen in der Schule erschienen. Etwa die Hälfte kam aus Familien, in denen der Vater fehlte; eine hart arbeitende Mutter, die den Verlust des Ehemannes und nicht selten auch der alten Heimat noch kaum verwunden hatte, musste sie allein durchbringen.

Und was mochten unsere Lehrerinnen erlebt haben?

Über den Krieg und die Nazizeit sprach man nicht. Aber die Lehrer mittleren Alters waren von ihren Jahren als Soldaten geprägt; möglicherweise waren sie erst kürzlich aus einem Kriegsgefangenenlager zurückgekehrt oder litten noch an den Folgen von Verwundungen. Wir Kinder fürchteten die Männer mit den wulstigen roten Narben am Kopf; es hieß, dort stecke noch ein Eisensplitter fest. Der Rektor Scholert meiner Grundschule hatte so einen, ebenso der Vater einer meiner ersten Schulfreundinnen. Ihnen gingen wir aus dem Weg, denn sie waren leicht erregbar und neigten zu Wutausbrüchen.

Wer zu alt gewesen war, um noch zum Kriegsdienst eingezogen zu werden, hatte unter Luftangriffen und Hunger gelitten; einer verwahrte in seinem Pult einen in fettiges Papier eingewickelten Bückling, von dem er während des Unterrichts immer mal wieder mit den Fingern ein Stück abriss und in den Mund schob. Manche waren Flüchtlinge wie unsere junge Klassenlehrerin, die mit ihren Eltern aus dem Osten gekommen war. Sie gewährte uns einmal einen Blick in ihre innere Welt, als in einem Moment des Zorns aus ihr herausbrach, andere Kinder hätten es weniger gut getroffen als wir; sie seien „vom Russen" mit der Zunge ans Scheunentor genagelt worden. Zwar handelte es sich – ich las es Jahre später – um ein während des Krieges gezielt verbreitetes Gerücht; unter dem Eindruck verstörender Fluchterlebnisse standen aber wohl noch etliche.

Eine weitere Schwierigkeit dürfte gewesen sein, dass die Lehrkräfte nun andere als die nationalsozialistischen Werte vermitteln sollten. Aber welche und wie? Vermutlich waren viele nicht nur erschöpft, sondern auch desorientiert und manche vielleicht auch voll stummer Erbitterung über die neuen Anforderungen. So ist es nicht verwunderlich, dass meine erste Schule für uns Kinder kein freundlicher Ort war; das Klima war rau. Wenn auch der damals noch übliche Rohrstock an unserer Mädchenschule keine Rolle spielte, so war das Regime doch streng: Nachsitzen, Strafarbeiten, mit dem Gesicht zur Wand in der Ecke stehen, Ohrfeigen … Jede kleine Verfehlung wurde verfolgt. Vermutlich habe ich wie alle gespielt und Freundschaften geschlossen und auch mit Freude gelernt. Aber die Enge im Klassenzimmer, der Schulhof, auf dem jede ganz auf sich gestellt war, die Strafen und Beschämung machten mich häufig scheu und unsicher. Ich war ein Einzelkind und hatte mich vorher nie außerhalb der Familie bewegt. Ängstlich bemühte ich mich, alles richtig zu machen; nur waren die Anforderungen an Wohlverhalten und Leistungsbereitschaft allzu hoch und nicht selten nicht eindeutig und verwirrend. Ich war eine begeisterte Schulanfängerin gewesen, aber ich fühlte mich bald enttäuscht von der Schule.

Das Lesen wurde damals meine Rettung. Die Abenteuer der Zwillingsmädchen Gisel und Ursel hatten mich noch kalt gelassen; erst bei „Pucki" sprang der Funke über. Sie ist ein Mädchen in meinem Alter, aber anders als ich lebt sie mit Geschwistern und Hunden und Katzen in einem Forsthaus; ihr Vater, der Förster, zeigt ihr die Bäume und Tiere, mit ihm und mit ihren älteren Brüdern und auch allein streift sie von morgens bis abends durch den Wald. Ihr Leben in Freiheit findet ein Ende mit dem Schuleintritt. Genau wie ich fühlt sie sich fehl am Platz. Aber während meine Eltern von der Schule selbst zu eingeschüchtert waren, um mir verlässlich beistehen zu können, helfen ihre Eltern und Brüder ihr, die Schwierigkeiten zu überwinden; bei ihr wendet sich schließlich alles zum Guten, und sie wird ein fröhliches Schulkind und eine gute Schülerin. Ich fühlte mich verstanden, und ich gewann eine Gefährtin. „Pucki" sollte mich viele Jahre begleiten. Die Reihe umfasste elf Bände; meine Patentante schickte mir jedes Jahr zu Weihnachten einen – aus dem kleinen Mädchen wird eine Gymnasiastin, danach eine Kindergärtnerin und schließlich eine selbstlose Arztgattin und Mutter dreier Jungen und Großmutter zahlreicher Enkelkinder („Pucki unser Mütterchen", so der Titel des vorletzten Bandes). Heute mag dies mehr als fragwürdig erscheinen; mir verhalf die Lektüre erstmals zur Erfahrung einer virtuellen Gemeinschaft, die auf so einfache wie angenehme Weise herzustellen ist; noch in den schwierigsten Lebenslagen konnte ich auf diese Möglichkeit immer zurückgreifen.

Wie aber an Bücher kommen? Das Weihnachtspaket reichte schon bald nicht mehr aus, um meinen Lesehunger zu stillen. Und einer Arbeiterfamilie der 1950er Jahre lag es gänzlich fern, darüber hinaus Geld für Kinderbücher auszugeben; auch hatten meine Eltern und Großeltern und die zahlreichen Onkel und Tanten sicherlich noch nie in ihrem Leben den Fuß in eine Buchhandlung gesetzt. Es gab wohl eine kleine Klassenbücherei, die aber, der armseligen Ausstattung der damaligen Volksschulen entsprechend, nur einige wenige Bände umfasste. Vielversprechender erschien die Stadtbücherei mit ihrem, so erschien es mir, unendlichen Bestand. Mein Vater, der eine Lesekarte besaß, hatte mich eines Tages mitgenommen. Einmal eingeführt, konnte ich die Ausleihe bald selbständig bewältigen und dann erwartungsvoll mit einem Armvoll Bücher nach Hause zurückkehren. Einen Wermutstropfen gab es: Da es sich nicht um eine Freihandbücherei handelte, musste man der Bibliothekarin sagen, was man haben wollte. Das konnte ich nicht, weil ich ja nicht wusste, welche Bücher es gab. Sie suchte sie für mich aus, und längst nicht immer entsprach ihre Wahl meinem Geschmack. Ich entdeckte, dass sich – aus welchen geheimnisvollen Gründen auch immer – nicht bei jeder Lektüre die ersehnte besondere Verbindung herstellt. Überdies machte die Atmosphäre mich befangen, die Stille und das Stirnrunzeln oder die amüsierten Blicke der Wächterinnen über die Schätze, wenn ich auf ihre Frage, was es denn sein solle, antwortete: „Was Spannendes" oder „So was wie Pucki".

Die „Büchergilde Gutenberg" sollte sich als ergiebigere Quelle erweisen. Sie war in den 1920er Jahren vom Verband der Buchdrucker mit dem Ziel gegründet worden, auch den ärmeren und wenig gebildeten Bevölkerungsschichten den Zugang zu anspruchsvollen und handwerklich hochwertigen Büchern zu ermöglichen; die Nazis hatten sie gleich 1933 verboten. Einer meiner Onkel, Mitglied der SPD und als junger Malergeselle in deren Arbeiterbildungsvereinen zu Hause, war selbstverständlich Mitglied gewesen, und auch meine Mutter trat vor ihrer Ehe ein, möglicherweise auf sein Drängen. Aus dieser Zeit stammte noch eine kleine Büchersammlung, aus der ich mich nach Belieben bedienen durfte.

Nach welchen Gesichtspunkten mögen sie damals ihre Auswahl getroffen haben? Die Bücher schienen bunt zusammengewürfelt; Heimatromane von Ludwig Ganghofer standen neben Klassikern der Weltliteratur. Ich las alles. Mein Wunsch nach spannender Lektüre erfüllte sich hier jedenfalls eher als mit den pädagogisch wertvollen Büchern der Bibliothekarinnen in der Stadtbücherei. Mein Favorit wurde „Titanic" von Josef Pelz von Felinau (voller Verheißung war schon der Name des Autors). Die Millionäre mit ihren eleganten Frauen, die Auswanderer unter Deck, Mannschaften und Offiziere, die Musiker der Bordkapelle, wie sie, schon bis zu den Knien im Wasser, den Choral „Näher mein Gott zu Dir" spielen, bevor sie ihre Instrumente zusammenpacken ... Die verschiedenen Handlungsstränge laufen nebeneinander her, verschränken sich, trennen sich wieder; das war formal nicht anspruchslos für eine noch unerfahrene Leserin und blieb doch packend bis zur letzten Seite.

Im selben Jahr – ich war vielleicht zehn Jahre alt – fing ich mit „Buddenbrooks" an. Es war am Abend eines regnerischen Tages in den Sommerferien, und ich langweilte mich und hatte kein anderes Buch mehr zum Lesen; draußen war es noch hell, als ich es mir in meinem Bett mit dem Roman gemütlich machte. Die Passagen am Anfang, die von Toni, Christian und Thomas als Kinder in einer wohlhabenden Lübecker Kaufmannsfamilie handeln, weckten gleich mein Interesse; ebenso gegen Ende Hanno, der einzige Nachkomme, mit seiner Lebensschwäche und ästhetischen Sensibilität, seinem Leiden am preußischen Gymnasium und seinem frühen Tod. Was dazwischen mit der Familie geschieht, nahm ich allenfalls punktuell auf. Bei jedem späteren Lesen traten dann, je nach meinem eigenen Lebensalter, andere Figuren und Aspekte in den Vordergrund. Vor einigen Jahren erst konnte ich mich dem so erfolgreichen und hoch angesehenen Firmenchef Thomas annähern, der in seinen mittleren Jahren ahnungsvoll die ganze Kälte, Härte und Sinnlosigkeit des Lebens spürt; einzig an einem langen Lesenachmittag, nachdem er ohne bewusste Absicht nach einem Band Schopenhauer gegriffen hatte, fühlt er sich für die Dauer der Lektüre tief verstanden.

Damit hatte mir der kleine häusliche Buchbestand von der Büchergilde Gutenberg unerwartet zu einer ersten Bekanntschaft mit einer Literatur verholfen, die Franzen „substantiell" nennt. Diese werfe mehr Fragen auf, als sie beantworte, versuche die großen Konflikte im menschlichen Leben nicht mit optimistischen Phrasen zu lösen, sondern lasse sie fortbestehen und sei in einer Sprache geschrieben, die bei jedem neuen Lesen etwas anderes offenbare; ihre Leserinnen und Leser fühlten, dass sie selbst auch an Substanz gewinnen könnten (S. 92 f).

Wir traten übrigens der Büchergilde wieder bei, nachdem sie nach Nazizeit und Krieg erneut aufgebaut worden war. Man bezahlte keinen Beitrag, sondern verpflichtete sich lediglich, pro Vierteljahr ein Buch zu kaufen; in den noch fernsehlosen Zeiten war das Lesen von Romanen auch in den wenig gebildeten Kreisen eine willkommene Unterhaltung. Lange studierten wir den Katalog mit den Inhaltsangaben und Kurzrezensionen – allein und gemeinsam, bis wir uns auf ein Buch geeinigt hatten, das dann per Post geliefert wurde. Wenn es von allen ausgelesen war, in der Familie und auch noch von den Nachbarn, deren Buch wir im Gegenzug ausliehen, kam schon die nächste Bestellung in Sicht.

Nur für mich – ich war inzwischen im Jugendalter – durfte ich mir einmal „David Copperfield" von Dickens in einer schön illustrierten, zweibändigen Ausgabe bestellen. Es war Liebe auf den ersten Blick; gleich der erste Satz, unvergessen bis heute, gewann mein Herz: *„Ob ich als Held meines eigenen Lebens gelten kann oder ob ein anderer diesen Platz einnehmen wird, sollen diese Blätter zeigen."*

Das Buch habe ich kürzlich an meine Enkelin weitergegeben; ob sie eine Leserin wird, ist noch offen.

Zu den Reflexionen über das Lesen: Franzen, Jonathan: Wozu der Aufwand? (Der Harper's Essay). In: Ders.: Anleitung zum Alleinsein, Reinbek bei Hamburg 2007, S. 64–109.

Bücher haben mich geprägt

Beate Kennedy

Meine Kindheit in Büchern

Die Bücher meiner Kindheit in den 1960er und frühen 1970er Jahren: Das erste Erinnerte war eine illustrierte Sammlung der Märchen der Brüder Grimm, vereinfacht im Versreim die Worte, die Bilder von zarten Prinzessinnen und schwermütigen Zwergen, von dornigen Rosenhecken und spitzen Schlosstürmen beeindruckend und immer wieder aufs Neue fesselnd. Dann, immer noch im Vorlesealter, die zauberhafte Geschichte des „Mondgesichts". Die Zärtlichkeit für das kleine, runde Wesen, das tropfnass bei den Fischersleuten über dem Ofen zum Trocknen hängt, die Faszination der Farbigkeit der Tiere im Zoo vor der Dunkelheit der Nacht; die erste Begegnung mit der „Blauen Blume" der Romantiker im Gewand der zaubermächtigen „Königin der Nacht".

Mit der Einschulung einher geht die Begegnung mit dem „Kleinen Wassermann", den ich noch vor der „Kleinen Hexe" und dem „Räuber Hotzenplotz" las. Die Muhme Rumpumpel, die aus der Unke zurückverwandelte Fee Amaryllis und die Bratwurst mit Sauerkraut bei Kaspers Großmutter bildeten erste moralische Modelle für das Gute, das Böse – und den Trost eines verlässlichen Alltags, in dem man satt wird.

Diese literarischen Entdeckungen verliefen parallel zu der täglichen Beschäftigung mit den Schreibübungen aus der Schulfibel „Fangt fröhlich an!", die nicht zu denken sind ohne den Duft des weißen Griffels von Faber Castell, die samtene Oberfläche der schwarzen, rechteckigen Holztafel und das abgestandene, immer feuchte, orangene Schwämmchen in seiner Plastikschatulle. Die Geschichten um Tapp, den Bären, und seinen Freunden las ich mit der gleichen Ernsthaftigkeit wie ein paar Schuljahre später die Beispielgeschichten, die bestimmte Rechenprozeduren einleiteten oder besser: forderten und dabei in Welten blicken ließen, die allesamt äußerst erwachsen und damit „real" waren – auch das staubtrockene Berechnen des übrig gebliebenen Portemonnaie-Münzenbestands von Herrn Meyer, nachdem er zwei Pfund Kartoffeln und drei Kilo Äpfel zu sicher sorgsam ausgetüfteltem Preis erstanden hatte, schmeckte nach etwas – nach Leder, Münzmetall, kalter Kartoffel und saurem Apfel und war deshalb mindestens interessant.

Lesen können, heißt: Alles lesen können, und es nahm kein Ende mit dem Lesen bei mir. Auf Autofahrten las ich Aufschriften auf Plakaten, Läden, Häuserfronten von rechts nach links und genoss die neuen Wörter; später dann den ADAC-Reiseatlas mit seinen Ausführungen zu lohnenden Landschaften, Hinweisen auf Sehenswürdigkeiten und lokale Speisespezialitäten. Letztere las ich besonders intensiv als konstant im Wachstum begriffenes und folgerichtig notorisch hungriges Kind. Zu jenen Zeiten kannte man den Begriff der „Zwischenmahlzeit", die später zum „Snack" avancieren sollte, noch nicht. Es gab Frühstück, warmes Mittag- und kaltes Abendessen, dazwischen war man entweder gerade satt oder wieder hungrig. Lesen half. Ich las in der Wohnzimmerecke auf dem Sofa, auf dem Boden, mit Vorliebe noch lange abends im Bett; ich las im

Schwimmbad, im Garten, in den Leihbüchereien von drei Städten: meinem Heimat-Vorort, meinem Schulort und meiner Ferienbücherei in Süddeutschland bei den Großeltern. Ich las in Bussen und Zügen, zu Besuch bei Freunden und im Zelt auf DLRG-Freizeiten.

Als literarische Entdeckung standen unzweifelhaft ganz oben und waren stilbildend für spätere Aufsätze die Geschichten von Astrid Lindgren, und zwar ausnahmslos alle, in jeder Phase der Lesebiographie. Pippi, Bullerbü, Michel, Karlsson bildeten den Beginn, gefolgt von dem eindrücklichen „Mio, mein Mio", das mich die Verwendung der erlebten Rede lehrte, und dem transzendentalen Werk „Die Brüder Löwenherz", das mit seinem Angebot eines Weiterlebens nach dem Tod dafür sorgte, dass die Autorin Lindgren mich auch in die nächste Lesephase, die ersten Gymnasialjahre, begleitete, übrigens ebenso wie es der mystische Roman „Krabat" für Otfried Preußler schaffte.

Doch überspringen wir sie nicht allzu schnell, diese Jahre zwischen neun und zwölf, die Jahre der weisen Kindheit, in denen deren Freiheiten schon mit dem Bewusstsein ihrer baldigen Transformation in etwas anderes, Normierendes gelebt wurden: das Abenteuer der Gruppenspiele auf dem großen Wendeplatz zwischen den Ein- und Zweifamilienhäusern, wo wir uns mit den vielen Nachbarskindern zu spannenden Fangspielen und Wettkämpfen an späten Sommernachmittagen trafen, zu „Hexe Kaukau" und „Fischer, wie tief ist das Ufer", oder wir Mädchen, manchmal unter staunendem Zuschauen von kleineren Brüdern im Kleinkindalter, zu viert uns stundenlang mit dem Springen in „Himmel und Hölle" oder dem Hüpfen im „Gummitwist" beschäftigten (die „Goldene Zehn", mit den damals chicen

Plateausohlen an den Füßen, Frauenschuhen ab Größe 36, in die wir Dritt- und Viertklässlerinnen passten); am Ende eines Tages ging es zu den Nachbarn in das Jugendzimmer im Keller, auf die aufklappbare Wollcouch im Karo-Design, um in einem der Bücher aus den Regalen der größeren Jungen zu stöbern, „Jim Knopf und Lukas, der Lokomotivführer" oder „Jim Knopf und die wilde 13" herauszuziehen, anzulesen, auszuleihen und nach ein paar Tagen schon zurückzubringen und das nächste dieser „Jungensbücher" zu holen: „Die Abenteuer des Tom Sawyer", „Die Abenteuer des Huckleberry Finn", „Gullivers Reisen", „Robinson Crusoe" und „Wolfsblut".

Diese Lektüren bauten schon auf einer gewissen Grundlage auf: Gewitzte Individuen, Außenseiter und Antihelden kannte ich aus „Till Eulenspiegel", „Rübezahl", den Münchhausen-Geschichten, dem „Rattenfänger von Hameln", den „Schildbürgern" und den „Sieben Schwaben". Mein Sagen-Repertoire erweiterte ich an den langen Abenden eines Skiurlaubs um die meiner dafür noch zu jungen Schwester im Tausch um Lindt-Schokoladenweihnachtsmänner abgetrotzten „Germanischen Ritter- und Heldensagen", die sie aus – den falschen – „pädagogischen" Gründen zum Fest erhalten hatte.

Natürlich fehlen noch einige ganz entscheidende Nennungen: Die Ausflüge in die spannenderen, ja gruseligeren Märchen der Brüder Grimm wie das des „Bruder Lustig" oder „Das blaue Licht", aber auch das von dem „Machandelboom"; in die Märchen des Wilhelm Hauff und des Hans Christian Andersen.

Aber auch mit Detektivgeschichten, zu denen neben Lindgrens „Kalle Blomquist" auch alle Werke des genialen Wolfgang Ecke gehörten, konnte ich mich bei

Verwandtenbesuchen nach dem Kuchenessen stundenlang aus dem Verkehr ziehen und satt, ungestört und ob meiner Schweigsamkeit wohlgelitten meiner Leseleidenschaft frönen. Nicht nur in meiner Phantasie schlugen die Fälle Wurzeln; auch in meinen Alltag zogen detektivische Praktiken ein, vom Aufschreiben von Autokennzeichen verdächtig wirkender Männer über das Ausfindigmachen von Geheimpfaden in den Schrebergärten des Ruhrgebiets und das unauffällige Beschatten von Hausfrauen bzw. vermeintlichen Entführerinnen auf dem Nachhauseweg, nachdem sie einen vor dem Konsum (später „Coop") abgestellten Kinderwagen nach Rückkehr aus dem Laden wie selbstverständlich in Besitz genommen hatten, bis hin zum Verfassen von Schriftstücken mit Geheimtinte und dem Gebrauch von Geheimsprache im Freundinnengespräch („Weißtheißtdesfeißt Duhudefu washasdefas dashasdefas bedeutefeut?").

Besonders in Erinnerung sind mir aus dieser Zeit drei Bücher, die ich sehr oft gelesen habe, ja, die mich heute noch in den Bann ihrer besonderen Atmosphäre ziehen, so als wäre ich wieder dieselbe Leserin wie einst und es wären keine fünf Dekaden ins Land gegangen.

Das erste ist „Das Geheimnis der orangeroten Katze". Es handelt von dem etwa achtjährigen Jungen David, der viel Zeit im Atelier seiner (offenbar alleinerziehenden; ein Vater taucht nicht auf) Mutter verbringt und sich dann, wenn sie außer Haus ist – *sie besucht Ausstellungen, Vorträge, Sitzungen. Oder sie ist mit dem Skizzenbuch unterwegs und sammelt Motive"* – in die Bilder an der Wand und auf der Staffelei vertieft, die mit einem Male ein Eigenleben entwickeln: *„Dann ist David allein. Allein mit der orangefarbenen Katze, mit* *dem Mann im karierten Anzug, mit Frau Klärchen, der gelben Blume, dem Bretterzaun und der Straße mit dem schwarzen Auto. Das Auto fährt übrigens mit großer Geschwindigkeit, es hat mindestens hundert Sachen drauf – und trotzdem kommt es nicht von der Stelle. Das ist merkwürdig …"*

Als die orangefarbene Katze aus dem Bild springt, verschwimmen die Grenzen zwischen Wirklichkeit und Kunst: Die Bilder sprechen, bewegen sich, nehmen David mit auf ihre Reise, und wenn gerade mal dringend für die Aufnahme einer Verfolgungsjagd ein Fahrzeug gebraucht wird, können die Kunstgeschöpfe auch selbst wieder Wirklichkeit gestalten: *„Bis hierher hatte das himmelblaue Mädchen der Unterhaltung schweigend zugehört. Nun schlug es verschämt die Augen nieder und sagte: ‚Ein Auto malen? – Das könnte ich auch. Zwar stehe ich erst am Anfang meiner Ausbildung als Malerin; aber zu einem Auto reicht es gerade. Wohin soll ich es malen?' ‚Auf das Bild mit der Landstraße!', sagte David."*

Wie gemeinsam ein uraltes Familiengeheimnis gelöst und damit eine rätselhafte Stummheit geheilt wird, ist ein Abenteuer, das mich damals wie heute in Atem hält. Faszinierend ist nach wie vor das Überschreiten der Grenzen, das Möglichmachen des Unmöglichen, das in diesem Buch auf jeder Seite geschieht. Vielleicht verdanken sich die vielen überraschenden Wendungen des Romans der kollaborativen Arbeitsweise des Autorenkollektivs aus zehn Ländern, die an ihren Arbeitsorten „eine aufregende Geschichte für Kinder von 8 bis 80" schrieben, wie es der Titelei zu entnehmen ist: Z. K. Slaby in Prag, Joshitomo Imae in Tokio, Pierre Gamarra in Paris, Sergej Baruzdin in Moskau, Marcello Argilli in Rom, Jens Sigsgaard in Holte, Ahmet Hromadzic in

Sarajevo, Friedrich Feld in Bexhill, Ludwik Jerzy Kern in Krakau; ein Kapitel sowie die deutsche Bearbeitung des Ganzen entstammt der Feder von Otfried Preußler, die dichten Illustrationen schuf Franz Josef Tripp, der auch schon das „kleine Gespenst" und andere Preußler-Bände bebilderte, aber eben auch die frühen Michael-Ende-Geschichten um „Jim Knopf".

Dass viele kreative Köpfe gerade durch die Vielstimmigkeit ein stimmiges Ganzes erschaffen können – ist es das, was mich das Buch en passant gelehrt hat?

Das zweite Buch, das mich nachhaltig beeindruckt hat, ist „Eine tolle Hexe" von Mary Norton. Drei Kinder, die aus London in den Ferien zu ihrer Tante aufs Dorf geschickt werden, finden heraus, dass die Klavierlehrerin des Ortes zaubern kann und damit streng genommen als Hexe gelten muss (und eigentlich auch will: *„Ich bin's, und ich bin's nicht"*), was aber natürlich nicht herauskommen darf. Um die Kinder zu Verschwiegenheit zu verpflichten, belegt „das Fräulein Price" einen vom jüngsten Bruder, Paul, vom Bett abgedrehten Messingknopf mit einem Zauber: Sobald er daran in die eine Richtung dreht, fliegt das Bett mit den Kindern an jeden gewünschten Ort. Dreht er in die andere, fliegt das Bett in die Vergangenheit. *„Und wie steht es mit der Zukunft?', fragte Charles. Fräulein Price sah ihn an, wie ein Straßenbahnschaffner einen Fahrgast anblickt, der einen Fahrschein zu einem Ort verlangt, der an einer ganz anderen Linie liegt."*

Auch in diesem Buch gelingt es – mithilfe des fliegenden Bettes – Grenzen zu überschreiten, diesmal von Raum und Zeit. Meine Begeisterung für literarische Zeitreisen, für das ästhetische Gedankenexperiment, wurde später durch Serien wie „Time Tunnel" und Filme wie „Zurück in die Zukunft" weiter am Köcheln gehalten; so überzeugend wie die Gestaltung der Begegnung der Kinder des 20. Jahrhunderts mit Emilius aus dem 17. Jahrhundert erschien mir aber keine der filmischen Darstellungen mehr: *„Emilius verbarg sein Gesicht hinter seinen zitternden Händen, als wollte er den Anblick der Kinder abwehren. ‚Kehrt zurück, woher ihr kamt!', beschwor er sie mit gebrochener Stimme. [Das Mädchen] murmelte: ‚Wir gehen sogleich, wenn Sie uns nur sagen wollten, welches Jahr dies ist ...' ‚Der siebenundzwanzigste Tag des Monats August im Jahre des Herrn 1666', erwiderte Emilius. ‚1666?', wiederholte der ältere Junge. ‚Da regiert König Charles I. ...' ‚Das große Feuer von London wird in zwei Wochen ausbrechen', sagte das Mädchen strahlend, als freue es sich darüber. Auch in das Gesicht des älteren Jungen trat ein Leuchten. ‚Cripplegate? Dieses Haus wird niederbrennen! Das Feuer wird im Haus des königlichen Bäckers im Pudding-Gäßchen beginnen und sich dann durch die Fisch-Straße ausbreiten ...'"*

Erst als das Mädchen eine tröstende Hand auf seine gefalteten Hände legt, kann Emilius seine Angst – zumindest vor diesen Kindern – bezwingen.

Die wissende Perspektive der Späteren, die die Zukunft der Früheren kennen; die Angst der Früheren vor diesem Wissen; die Versöhnung durch die Erkenntnis, dass beide durch das Mensch-Sein geeint sind – all das scheint hier auf und berührt den tiefen Kern unserer Vergänglichkeit. Im Buch retten die Kinder Emilius vor dem Feuer in das 20. Jahrhundert, mit dem sich dieser allerdings nur schwer vertraut machen kann. Zudem gebietet es das zauberische Ethos des Fräulein Price, dass

Emilius wieder in sein Leben zurückkehrt. Das überraschende Ende soll hier nicht verraten werden, nur so viel: Es obsiegt, natürlich, die Magie der Phantasie.

Mit dem dritten und letzten Beispiel von Büchern, die noch Jahre nach der Lektüre nachhallen, geht auch meine lesende Kindheit vorbei: „Taube unter Falken" von Katherine Allfrey greift zweifellos Themen des Erwachsenwerdens, besonders des Frauseins, auf. Es geht um Identitätsbildung, um Mut und das Verhältnis der Geschlechter. Das Setting ist griechischen Mythen entlehnt: Die weibliche Hauptfigur wird als junges Mädchen entführt und landet auf einer Insel, die von Frauen regiert wird. In diesem Amazonenstaat wird sie aufgrund ihrer äußerlichen Ähnlichkeit zu der verschwundenen Herrscherin zur Königin ausgebildet: Reiten, Fechten und andere Kampfkünste lernt sie und entwickelt im Verlauf Tapferkeit und Selbstvertrauen. Doch die Sehnsucht heimzukehren ist stärker als ihre Fähigkeit zur Assimilation; und der von den Amazonen geübte Brauch, nur so viele männliche Nachfahren am Leben zu lassen, wie sie für die Zeugung zum Fortbestand ihrer Art brauchen, zwingt die Protagonistin am Ende zu einer Entscheidung …

Nicht nur ist dieser Entwicklungsroman spannend bis zum Schluss – ich las ihn damals als feministische Utopie. Im Buch war etwas vorweggenommen, eine weibliche Stärke, eine Macht, eine Selbstbestimmung, was in meiner eigenen privaten Wirklichkeit und in der gesellschaftlichen Welt um mich herum ein Noch-Nicht war. Die Frauenliteratur der 1970er Jahre, und noch viel mehr, wartete auf mich. Doch das ist ein anderes Kapitel.

Reinhold Albert

Mein wichtigstes (Lehr-)Buch

Ich wuchs in dem kleinen Dorf Sternberg im Grabfeld in Unterfranken auf, etwa 500 m von der innerdeutschen Grenze entfernt. Es war damals ein reines Bauerndörfchen. Ich kann mich noch gut daran erinnern, dass mit Kühen bespannte Fuhrwerke durchs Dorf fuhren, dass mit der Dreschmaschine, die von einer mächtigen Lokomobile angetrieben wurde, gedroschen wurde und eine Dämpfkolonne alljährlich zum Kartoffeldämpfen ins Dorf kam.

Ja, und dann setzte Ende der 1950er Jahre eine rasante Entwicklung in der Landwirtschaft ein. Und heute – in meinem Heimatdörfchen, dem ich zeitlebens treu blieb, gibt es keine einzige Kuh, kein Schwein, nur einige Hühner. Es gibt noch nicht einmal mehr einen selbstständigen Landwirt. Lediglich noch einige sogenannte „Mondscheinbauern" halten die alte Tradition aufrecht, die jahrhundertelang das Leben in unserem Dorf prägte.

In Sternberg gab es in jenen Jahren, wie allerorten im ländlichen Bayern, die einklassige Volksschule. In dieser unterrichtete der Dorfschullehrer in einem Raum alle Klassen von eins bis acht mit meist so um die 35 Kindern gleichzeitig. Die Lehrer waren ob dieser schwierigen Verhältnisse zumeist sehr bemüht, ihren Kindern etwas beizubringen. Für diese enorme Leistung muss man sie heute noch bewundern. Auch lernschwächere Kinder wurden mitgezogen.

Ein Beispiel, wie der Unterricht vor sich ging: Geschichte wurde immer gemeinsam gelehrt. Als ich 1959 in die Schule kam, war gerade die Französische Revolution an der Reihe, dann wurde die Geschichte bis zum Ersten Weltkrieg gelehrt (die Nazizeit wurde damals noch ausgeklammert), und dann ging es bei den alten Griechen wieder von vorne los. Ein richtiger Überblick über die Menschheitsgeschichte konnte so eigentlich nicht entstehen.

Wurden die Kinder der höheren Klassen zu speziellen Themen unterrichtet, mussten die Kleinen Stillarbeit verrichten und umgekehrt. Das Schreiben und Lesen brachten uns damals hauptsächlich die Schülerinnen und Schüler der oberen Klassen bei. Die Prügelstrafe gab es damals auch noch, wenn auch in abgeschwächter Form: Fünf Streiche mit dem Stöckchen auf die ausgestreckten Finger waren die Bestrafung für zu viel schwätzen.

Kinderbücher, die allerdings in einem bäuerlichen Haushalt nur in begrenztem Maße gekauft bzw. vorhanden waren, bildeten den ersten Lesestoff. In der Schule unterhielt die Gemeinde mit Unterstützung des Dorfschullehrers eine Bibliothek, die auch den Erwachsenen des Dorfes zur Verfügung stand. Gut kann ich mich noch an die damals ausgeliehenen Bücher, „Bullerbü" von Astrid Lindgren oder „Nils Holgerson" von Selma Lagerlöf, erinnern, die ich ebenso mehrfach auslieh. Besonders angetan hatte es mir aber ein Sagenbüchlein. Die Sagen und Legenden waren von den Lehrern der Umgebung gesammelt und in Broschürenform herausgegeben worden. Dieses Büchlein hat mich als Bub total fasziniert. Ich denke, dieses Heft und die Erforschung der Geschichte des schönen Schlosses meiner Heimatgemeinde sind die Auslöser für meine intensiven Forschungen zur Geschichte meiner Heimat. Das Sagenbüchlein ist für mich heute eines der ideell wertvollsten Bändchen in meiner umfangreichen Sammlung heimatlicher Literatur.

In den 1960er Jahren wurde dann in der damaligen Kreisstadt Königshofen eine Mittelschule (heute Realschule) ins Leben gerufen. Nachdem mein großer Bruder, wie es damals der Tradition entsprach, die elterliche Landwirtschaft übernehmen sollte, wurde ich als Zweitgeborener auf eine höhere Schule geschickt. 1966 aber streifte lediglich ein Arbeiterbus unser abgelegenes Dörfchen, daher musste man um 6 Uhr morgens zum Bus. Waren zwei Stunden Nachmittagsunterricht angesetzt, das war zweimal die Woche der Fall, kam man erst am Abend gegen 18:30 Uhr wieder nach Hause. Jetzt war es natürlich so, dass wir Landkinder bei Weitem nicht das Bildungsniveau der Stadtkinder hatten, bei denen vielleicht maximal zwei Jahrgänge gleichzeitig unterrichtet wurden. Ich rechne es noch heute unserem damaligen Lehrer Herbert Meder hoch an, dass er mich zur Vorbereitung für die Aufnahmeprüfung in die Realschule wiederholt am Nachmittag ins Schulhaus einbestellte. Er gab mir Nachhilfeunterricht, damit ich die Prüfung schaffte. Defizite gab es insbesondere auch bei der Rechtschreibung. Meine Eltern kauften mir schließlich ein Buch, das sich heute rückblickend als das wichtigste Buch in meinem Leben herausstellen sollte. In diesem Lehrbuch musste man Wörter mit Bleistift vervollständigen. Einige Beispiele: w...dersprechen, der ...bend, der Müller m... lt Mehl usw. War die Seite ausgefüllt, konnte man auf der übernächsten Seite überprüfen, ob man richtig lag. Anschließend radierte man die Eintragungen wieder aus, und es ging zur nächsten Seite. War man durch, begann man wieder von vorne. Stundenlang saß ich in den folgenden Monaten und Jahren über diesem Buch, um meine Rechtschreibung zu verbessern. Ein Ergebnis dieser Bemühungen war z. B., dass ich sehr schnell Gemeindeschreiber meines Vaters wurde, der Bürgermeister im Dorf war.

Schließlich schaffte ich die sogenannte Mittlere Reife. Da ich sehr heimatverbunden bin und meinem Heimatdörfchen treu bleiben wollte, strebte ich eine Anstellung im Staatsdienst an. Ich bewarb mich bei der Bayerischen Polizei, kam nach Stationen in Würzburg, München, Obernburg und Bad Kissingen schließlich zur Grenzpolizeistation Maroldsweisach und erlebte so die Geschichte der innerdeutschen Grenze von Anfang an unmittelbar bis zum Ende 1990 mit. (Der erste Grenzzaun wurde 1952 gebaut, ich bin Jahrgang 1953.) Ich besitze eine der umfangreichsten Sammlungen über die innerdeutsche Grenze (darunter circa 3000 Fotos und unzählige Dokumente, Zeitungsausschnitte usw.), die nach meinem Ableben von meinen Kindern dem Staatsarchiv in Würzburg übergeben wird, damit diese für Forschungen zu diesem Thema der Allgemeinheit zugänglich sind. Nach Auflösung der Bayerischen Grenzpolizei 1990 kam ich zur Polizeiinspektion Ebern, wo ich im Dienstrang eines Polizeihauptkommissars 2014 in den Ruhestand trat.

Bücher beschäftigen mich zeitlebens insbesondere in meiner Freizeit. Ich bin seit über vier Jahrzehnten

Kreisarchivpfleger im Landkreis Rhön-Grabfeld, weiß also, welche Schätze in unseren Gemeinde- und Stadtarchiven lagern, die es wert sind, sie künftigen Generationen zu erhalten. Dazu bin ich seit drei Jahrzehnten Kreisheimatpfleger, habe bisher um die 60 Bücher geschrieben, hauptsächlich Ortschroniken, und natürlich auch Bücher über die Geschichte der innerdeutschen Grenze. Seit über 15 Jahren bin ich Schriftleiter des Heimatjahrbuchs Rhön-Grabfeld sowie eines alljährlich erscheinenden Heimatblattes und habe die meisten der mittlerweile erschienenen 53 Bücher der Schriftenreihe unseres Vereins für Heimatgeschichte im Grabfeld verfasst.

Das in meinen Augen wichtigste Buch, das ich schrieb, war 1990 mein erstes. Es trägt den Titel „Geschichte der Juden im Grabfeld". Das Schicksal unserer jüdischen Mitbürger im Dritten Reich bewegte mich schon immer sehr; ich hatte mir geschworen, das erste Buch, das ich schreibe, soll an das Schicksal der Juden in meiner Heimat, dem Grabfeld, erinnern. Es gab hier zahlreiche Ortschaften, in denen ein Drittel der Bevölkerung Juden waren. Als die Amerikaner im April 1945 das Königshöfer Land besetzten, gab es hier lediglich noch zwei Juden – eine Frau, die mit einem Soldaten verheiratet war, der sich weigerte, sich von ihr scheiden zu lassen, und einen polnischen Zwangsarbeiter, der von einer Familie vor den Nazis verborgen worden war.

Bücher beschäftigen mich also zeitlebens. Ein wenig stolz bin ich auf meine Sammlung von Büchern über meinen Heimatlandkreis Rhön-Grabfeld im Kellergeschoss meines Einfamilienhauses in Sternberg im Grabfeld. Ich denke, es ist eine der umfangreichsten Sammlungen, die es in dieser Gegend gibt.

Elisabeth Caesar

Die Bibel prägte mein Leben

B ücher haben mein Leben von Anfang an begleitet
und geprägt.

Heute, als 70-jährige pensionierte Pastorin, blicke ich
auf mein Leben mit seinen Veränderungen und Entwicklungen zurück.

Bis zu meinem 32. Lebensjahr (1985) lebte ich in der
DDR. Die Kindheit war schulisch geprägt von sozia-
listischer Erziehung und entsprechender Literatur und
Kultur.

Als Pfarrerstochter wurde ich christlich erzogen. Ich
bekannte mich auch in der Schule offen zu meinem
christlichen Glauben. Schon von Anfang an erklärte ich: „Ein Christ kann kein Pionier sein, denn Pio-
niere glauben nicht an Gott." Ich blieb die Einzige in
der Klasse, die nicht Mitglied der Pionierorganisation
und der FDJ (Freie Deutsche Jugend) wurde. Als Kon-
sequenz musste ich über Jahre diffamierende „Vorfüh-
rungen" durch Lehrer ertragen.

Mit neun Jahren erhielt ich von meinem Vater, der
Pfarrer in Erfurt war, meine erste Kinder-Bibel, „Schild
des Glaubens", hrsg. von Jörg Erb mit Illustrationen
von Paula Jordan. Die Bilder haben mich nie angesprochen, ja, wirkten geradezu abstoßend auf mich, weshalb
ich sie wohl auch nie ausgemalt habe. Erst später fand
ich heraus, dass Paula Jordan mit ihrer arisierten Je-
sus-Darstellung und den reinrassigen Arier-Helden der

Bibel die christliche Nachkriegsgeneration in Deutschland geprägt hat. Es waren dann wohl eher die Christenlehre und der Kinder-Gottesdienst, die mich dazu brachten, in dieser Bibel zu lesen. Ich besitze sie noch heute, völlig zerlesen.

Die Geschichten des Alten Testaments hatten oft mit Altären zu tun, die zur Vergewisserung der Gegenwart Gottes beitrugen. In meiner Not baute ich mir auf einem Ruinen-Grundstück mit alten Backsteinen meinen kleinen Altar, den ich oft vor der Schule zur Stärkung aufsuchte.

Später erhielt ich dann „aus dem Westen" andere Kinder-Bibeln, die weitaus gefälliger, bunt und menschlicher waren und mir deshalb gefallen haben.

Die BIBEL – das Buch der Bücher überhaupt! Eigentlich ist der Name „biblia" nur die darüber aufklärende Bezeichnung, dass dies ein Buch mit vielen Büchern ist, also eine Bibliothek. Ich möchte aber betonen, dass es für mich das bedeutendste Buch ist, das es gibt! Immerhin hat es mich auch dazu gebracht, Pastorin zu werden! Dazu später mehr.

In der DDR habe ich mich wie in einem dreifachen Gefängnis gefühlt:

1. Mein Elternhaus: Ich wurde zum absoluten Gehorsam erzogen. Ein „Nein" durfte nie über meine Lippen kommen. So spürte ich bis ins Erwachsenen-Alter nur, dass ich einen eigenen Willen habe, ihn aber nie leben durfte. Ich wurde nicht ernst genommen, mein eigener Wille als „falsch" zensiert.

2. Das große Gefängnis „DDR": 1974 fand ich zum ersten Mal den Mut, „nein" zu sagen, als mich meine

Brüder drängten, aus der DDR zu fliehen. Leider wurden meine Brüder bei ihrem Fluchtversuch inhaftiert und wegen „RF" (Republikflucht) zu mehreren Jahren Gefängnis verurteilt.

3. Meine ganze persönliche Existenz: Ich fühlte mich durch die Mauern meiner Erziehung und der DDR unfrei, gefangen.

Wie anders waren Jugendliche, die mit ihren Eltern aus kirchlichem Anlass aus dem Westen zu uns zu Besuch kamen, frei, selbstbewusst, fröhlich! So wuchs in mir die Sehnsucht nach „Befreiung"! Sie wurde zu meinem Lebensthema.

Die Wahl eines bestimmten Studienganges war schwierig. Ich wollte ja auch später natürlich keine SED-Genossin werden. So brauchte ich weder meinem Herzenswunsch, Schauspielerin zu werden, noch der Idee, mir eine Laufbahn als Lehrerin vorzustellen, nachzugehen.

Ich begann das Theologie-Studium an der Martin-Luther-Universität in Halle/ Saale, nachdem ich das Buch „Gott ist anders" von John A. T. Robinson (DDR – Verlag Evangelische Verlagsanstalt) gelesen hatte. Die sicher historisch wertvolle, aber nicht aktuelle Bibliothek der Fakultät wie auch der Uni-Bibliothek verlockte mich nicht zur intensiven Nutzung.

Vereinzelt kamen theologische Bücher aus dem Westen zu uns, wie z. B. aus der Reihe „Bibliothek Themen der Theologie" das „Jesus"-Buch von Herbert Braun oder „Kreuz" von Hans-Ruedi Weber, von Hans Schmidt „Frieden" u.a.m. Untereinander tauschten wir „West-Bücher" und lernten so viel kennen, was uns weiterhalf, wie z. B. TZI (themenzentrierte Interaktion), CPT (clinical pastoral training – Krankenhaus-Seelsorge).

Nach dem Ersten Theologischen Examen trat ich ein Forschungsstudium im Fachbereich Ökumenik an. Ich bekam ein Thema zur Bearbeitung, das sich an das Thema meiner Diplomarbeit anschloss, „Gesellschaftsbezogene Entwicklung von Theologie und Kirche in Afrika".

Ich hatte große Hoffnungen auf Reisefreiheit durch die KSZE-Verhandlungen 1975 gesetzt (Konferenz für Sicherheit und Zusammenarbeit in Europa). Eine Studienreise nach Afrika wurde mir natürlich nicht gewährt. Aber nach Hamburg wäre ich gern gefahren, um dort im Missionsinstitut mit aktueller Forschungsliteratur zu arbeiten. Alles wurde abgelehnt, ohne Begründung!

Mein Doktorvater hatte merkwürdigerweise eine Reiseerlaubnis in die BRD und brachte mir von dort hin und wieder Literatur mit. Erst 30 Jahre später wurde mir bekannt, dass er ein IM (Inoffizieller Mitarbeiter des Ministeriums für Staatssicherheit) und offensichtlich auf mich angesetzt war, um mehr über meine wegen Republikflucht inhaftierten Brüder zu erfahren. Aus der Deutschen Bibliothek (DB) in Leipzig konnte ich dann doch wenigstens englische Literatur und wenige aktuelle Zeitschriften erhalten. Es war mühsam und unerfreulich!

Andererseits hatte das Thema auch mit meinem Lebensthema zu tun, so dass ich das wenige zur Verfügung stehende Material mit großem Interesse bearbeitet habe. Es ging ja auch um „Theologie der Befreiung" und Suche nach eigener theologischer Identität in der „Afrikanischen Theologie" in den „Unabhängigen Afrikanischen Kirchen".

Mich faszinierte das Ringen der von den Missionsgesellschaften im Kolonialzeitalter gegründeten afrikanischen Kirchen und Gemeinden um die eigene Identität und der Kampf gegen Fremdbestimmung. Das ermutigte mich selbst, war es doch auch mein Thema! Die postkolonial entstandenen Gemeinden hatten bereits mit großer Selbstverständlichkeit ihre eigene Kultur eingebracht und sogar Forderungen wie ein Moratorium in den ÖRK (Ökumenischer Rat der Kirchen) eingebracht, was natürlich zu heftigen Auseinandersetzungen und Kränkungen führte. Meine Promotionsarbeit wurde allerdings abgelehnt (politisch untragbar).

Nach dem Freikauf meiner Brüder in den Westen und der Übersiedlung meiner Eltern stellte ich den Antrag auf Familienzusammenführung, also legale Übersiedlung. Ich war die Letzte der Familie in der DDR, geschieden und mit zwei kleinen Kindern. Ich brauchte familiäre Unterstützung.

Nach dem Umzug machte ich die Erfahrung, in vieler Hinsicht fremd im eigenen Land zu sein. Ich bekam meine erste Pfarrstelle und hatte gehofft, hier Menschen anzutreffen, die sich wie ich gern auf neue Wege des Miteinanders machen würden. Meine Erfahrung zeigte: „Themenzentrierte Interaktion" las sich gut, war aber schwer umzusetzen, weil sich eigentlich niemand darauf einlassen wollte. Ich brachte die Regeln in Gruppen ein und hatte wenigstens manchmal Erfolg. Das stärkte mein Selbstbewusstsein und brachte mich dazu, diese Methode, vor allem in Gruppen, die ich selber leitete, anzuwenden. Dadurch erhöhten sich die Konzentration und die Qualität der Kommunikation und der Gemeinschaft untereinander.

Ich kam in Berührung mit der „Feministischen Theologie", die mir noch einmal ganz anders die Augen geöffnet hat, sowohl für mein eigenes Leben als Frau wie auch für die Auslegung biblischer Texte. Bücher von Elisabeth Moltmann-Wendel, Luise Schottroff, Dorothee Sölle, Ingeborg Kruse, Luise Rinser, aber auch Eugen Drewermann habe ich sehr inspirierend gefunden.

Die Theologie Dietrich Bonhoeffers, Martin Niemöllers, Helmut Thielickes haben mir Mut gemacht, meinem Gefühl zu vertrauen und es gleichzeitig, durch den Verstand geprüft, mutig auszusprechen und zu leben.

Was mich aber hier wie auch in der „Literatur zur Befreiung" (afrikanische wie auch lateinamerikanische) gestört hat, waren oft die Gegensätze zwischen erklärtem und gefordertem friedlichen Wandlungsprozess und durchaus nicht immer friedlicher Umsetzung in den regionalen Gruppen. Ein gewisses „Elite"-Denken in der Feministischen Theologie konnte außerdem nicht auf fruchtbaren Boden fallen in den Gemeinden. Im Pfarramt hatte ich den Auftrag, die „Frauenarbeit" (schrecklicher, missverständlicher Name) zu übernehmen, einschließlich der WGT-Arbeit (Weltgebetstag der Frauen).

Hervorragendes Material gab es dazu während der Ökumenischen Dekade „Solidarität der Kirche mit den Frauen" von 1988–1998 und auch später zur Dekade zur „Überwindung der Gewalt". Gut recherchierte Arbeitshilfen zu verschiedenen Frauengestalten der Bibel führten zur persönlichen Auseinandersetzung der jeweiligen Rolle der Frau mit der eigenen. Das Ziel war es, zum Thema einen authentischen Gottesdienst vorzubereiten und in der Gemeinde zu feiern. Zu meinem großen Erstaunen und meiner Freude haben selbst die älteren Frauen mit Begeisterung und Kompetenz eigene

Texte verfasst, Szenen dargestellt und getanzt, die ihre Lebendigkeit, Empathie und Eigenständigkeit widerspiegelten.

Als Fazit kann ich nur staunend und dankbar sagen: Ausgehend von der Bibel haben mir die Bücher, die eigene theologische Arbeit und der lebendige Austausch mit Frauen geholfen, meine Persönlichkeit zu entwickeln und zu entfalten! Ich wurde zunehmend freier, offener, kritischer, selbstkritischer, selbstsicherer und gleichzeitig toleranter. Ich fand heraus, wofür mein Herz eigentlich schlägt, und habe viele Projekte gegen alle Widerstände von Kollegen und Menschen, die gern „alles beim Alten" lassen wollten, umgesetzt. Es waren schlicht und einfach das „Dasein für andere" (Dietrich Bonhoeffer), besonders für Menschen ohne Lobby, mein Verständnis von Kirche und Gemeinde als lebendige Einheit in der Vielfalt und die Wertschätzung von selbständiger Arbeit der „Laien", die ich lebte und die mich froh machten. Es war mir so möglich, in kurzer Zeit Menschen für notwendige Arbeiten zu gewinnen, die mit mir übereinstimmten, dass diese einfach „dran" wären, so dass ich schließlich mit über 100 Ehrenamtlichen zusammenarbeiten konnte.

Es entstanden z. B. „Die Heiligenhafener Tafel", das „Ökumenische meditative Abendgebet nach Taizé", ein Besuchsdienst, der „Gemeinsame Mittagstisch" (für Witwen, Witwer, Alleinlebende, Paare und Touristen), Arbeit mit und für Flüchtlinge.

Manchmal sind es ja auch nur einzelne Sätze, die in besonderen Situationen wie Tau auf unsere Seele fallen. In der DDR war angesichts der Mauer so ein Satz *„Mit meinem Gott kann ich über Mauern springen"* (Ps.

18,30). Auch der später berühmt gewordene Satz *„Sie werden ihre Schwerter zu Pflugscharen und ihre Spieße zu Sicheln machen"* – kurz: Schwerter zu Pflugscharen – aus Micha 4,5 war Anstoß gebend für die friedliche Revolution in der DDR.

Der Anfangsimpuls für meine Identitätssuche und Befreiungsversuche kam schon früh aus der Bibel. Der Exodus des unterdrückten israelitischen Volkes aus Ägypten ließ mich Gott eindeutig als Gott der Befreiung und des Lebens erkennen. Regeln, die ein Leben in Freiheit gelingen lassen, nämlich die Zehn Gebote, werden ja auch mit den Worten in Ex. 20,2 eingeleitet: *„Ich bin der Herr, dein Gott, der ich dich aus Ägyptenland, aus der Knechtschaft, geführt habe. Du sollst keine anderen Götter haben neben mir."*

Leider wurden von Martin Luther und auch in späteren Wiedergaben des Kleinen Katechismus diese wichtigen Worte, die im Relativsatz eingebunden sind, nie mit überliefert! Als Summe aller Gebote nennt Jesus die Liebe, die Liebe zu Gott und die Liebe zu den Menschen (Matth. 22, 37–39).

Martin Luther machte die wichtigste Entdeckung, die zur Reformation führte, mit Versen aus dem Römerbrief und dem Galaterbrief, die wir als Rechtfertigungslehre bezeichnen. Gott liebt den Menschen ohne Wenn und Aber, ohne „des Gesetzes Werk", also ohne jegliche Vorleistung, allein aus Gnade. Für mich stellte sich diese Entdeckung immer wieder sowohl als Befreiung als auch als ein Problem dar. Wie kann ich Menschen dafür bereit machen, nicht nur von Gottes Liebe zu wissen, sondern sie tatsächlich auch anzunehmen, sie sich gefallen zu lassen? Leben wir doch unter Menschen, die uns de facto nach unseren erbrachten Leistungen taxieren (Aussehen, Fertigkeiten, Gesundheit, Rasse, Religion, sozialer Status usw.).

So wurde das Thema „Liebe", die Liebe zu Gott und zu den Menschen, im Alltag, in Predigt und Seelsorge zum Oberthema für mich! *„Liebe, und dann tue, was du willst"*, sagt Kirchenvater Augustin. Aber: Wie kann ich Gottes Willen erkennen und ihn mit meinem Willen zusammenbringen oder den Widerspruch erkennen?

Die kontemplativen Erfahrungen, die ich dabei schon in Taizé gemacht hatte, halfen mir und führten mich auch zur Beschäftigung mit der Mystik.

Natürlich hat mich auch die Belletristik lebenslang begleitet und geformt.

Jetzt, im Ruhestand, bin ich froh, ohne Zeitdruck Bücher einmal fortlaufend lesen zu können und meine eigene Bibliothek mit vielen ungelesenen Büchern neu zu genießen.

In meiner Kindheit wurde ich schon mit Büchern aus dem Westen beschenkt, wie z. B. „Mo", „Jim Knopf und der Lokomotivführer", „Der kleine Wassermann".

Neben den schon erwähnten Zeitschriften war auch Jack Londons „Wolfsblut" Pflichtlektüre in der Grundschule. Auf der EOS (Erweiterte Oberschule = 9.–12. Klasse) wurden wir nicht mit den humanistischen Klassikern vertraut gemacht. Meine Eltern beschenkten mich mit Büchern aus der EVA (Evangelische Verlagsanstalt) wie z. B. „Bertha von Suttner" und dem katholischen Benno-Verlag. Wichtig wurden mir auch die Bücher von Astrid Lindgren (Freiheit und Phantasie), Erich Kästner (Humor und Politik), Bertolt Brecht und Anna Seghers (Kampf um soziale Gerechtigkeit), Pearl S. Buck, Grace Irwin, A. J. Cronin, Alan Paton – wegen ihrer Menschlichkeit –, Erich Fromm, Gertrud Höhler, Wolfgang Kessler („Die Kunst, den Kapitalismus zu verändern") – psychologische, philosophische und politische Betrachtungen und Analysen unserer Zeit.

Russische Klassiker wie Leo Tolstoi, Dostojewski und Turgenjew habe ich im Teenager-Alter verschlungen. Dazu gab es im Kino die original russischen Verfilmungen von „Anna Karenina" und „Krieg und Frieden". Schon früh lehnte ich mich gegen die Hoffnungslosigkeit der von Dostojewski beschriebenen Grafen auf, die ihren Besitz verloren / verspielt hatten und ab da keinen Sinn in ihrem Leben mehr finden konnten. Ähnlich hat Erich-Maria Remarque in „Der schwarze Obelisk" (Ullstein-Verlag 1967, S. 95) einen 25-jährigen Mitarbeiter eines Bestattungsunternehmens kurz nach dem Zweiten Weltkrieg auf der Suche nach dem Sinn des Lebens sagen lassen: *„Bücher haben überhaupt keinen Zweck … Wenn man sieht, was hier alles geschrieben ist und wie es trotzdem in der Welt aussieht, sollte man nur noch die Speisekarte im ‚Walhalla' und die Familiennachrichten im Tageblatt lesen."*

So könnte heute wohl mancher angesichts des Kriegsdramas in der Ukraine und der weltweiten atomaren Bedrohung reden.

Es braucht einen Grund zur Hoffnung, den ich im christlichen Glauben finde. Es ist die Fähigkeit zur Transzendenz, zu glauben, zu hoffen und zu lieben, in und trotz alledem …

Ich denke gerade neu über „David und Goliath" nach (1. Sam. 17), die Überlegenheit des Gottvertrauens und die Intelligenz gegenüber der Selbstüberschätzung von eigener Größe und Gewalt! Gott ist Frieden, Gerechtigkeit und Liebe!

Ursula Wedler

Die wahre Erziehung – aus der Sicht eines Pfarrers 1802 Auch nach 200 Jahren noch lesenswert

"Erziehungslehre" von Friedr. Heinr. Christ. Schwarz, Pfarrer zu Münster im Hessendarmstädtischen. Erster Band: Die Bestimmung des Menschen. In Briefen an erziehende Frauen. Leipzig bey G. J. Göschen. 1802
Zweyter Band: Das Kind oder Entwicklung und Bildung des Kindes von seiner Entstehung bis zum vierten Jahre. Leipzig, bey G. J. Göschen. 1804

Friedrich Heinrich Christian Schwarz, ein evangelischer Theologe, Pfarrer, Pädagoge und Kirchenrat, lebte von 1766 bis 1837. Wer heute Pädagogik studiert, wird wohl nicht zuerst zu Büchern greifen, die bereits vor mehr als zweihundert Jahren geschrieben wurden. Auch ich wäre wohl während meines Studiums nicht dazu gekommen, wenn nicht mein Großvater (Jahrgang 1893) mir diese beiden Bände geschenkt hätte, als ich mich zu seiner Freude auf den Beruf der Lehrerin vorbereitete. Er selbst hatte als junger Mann bereits die Präparandenanstalt in Ratzeburg besucht, um anschließend an einem Lehrerseminar zu studieren. (Bis ins frühe 20. Jahrhundert war dies die erste Stufe der

Ausbildung zum Volksschullehrer als Vorbereitung für den Besuch eines Lehrerseminars.) Als er aber schwer erkrankte und die Ausbildung für längere Zeit unterbrechen musste, befand sein Vater, obwohl nicht unvermögender Eiderstedter Bauer, der Sohn solle besser eine kürzere Banklehre beginnen, denn es seien schließlich noch vier weitere Kinder zu versorgen. Der Sohn, mein Großvater, fügte sich, hat aber diese Entscheidung sein Leben lang bedauert.

Wir drei Enkeltöchter konnten ihn später stets um Hilfe bitten bei unseren Hausaufgaben, und er beließ es dabei häufig nicht bei kurzen Auskünften zum Thema, sondern erläuterte mehr, als wir eigentlich gefragt hatten. Ihm machte das Freude, und deshalb übten wir uns auch meistens in Geduld bei seinen langen Ausführungen.

Schon vor dem Abitur betreute ich gerne Kinder, gab einigen Nachhilfeunterricht und versuchte sie zu bestärken bei Schwierigkeiten in der Schule. So war klar: Ich wollte Lehrerin werden. Mein Großvater freute sich sehr darüber und unterstützte mich auch finanziell. Eines Tages überreichte er mir die beiden alten Bände, die ich zunächst gar nicht genug zu schätzen wusste. Wie sie ins Haus meiner Großeltern kamen, weiß ich leider nicht, und es lässt sich auch trotz eines handschriftlich eingetragenen Namens nicht erklären. Vielleicht hatte mein Großvater sie bereits für sein Studium antiquarisch erworben.

Die Briefe lesen sich natürlich nicht so flüssig wie ein modernes Buch: Ausdrucksweise, Rechtschreibung und besonders der ungewohnte Schrifttyp sind schon ein Hindernis. Nachdem ich zunächst mehr diagonal geblättert und hier und da gelesen hatte, versuchte ich später, die im ersten Band „Briefe" genannten Kapitel zu verstehen.

Geschrieben hat der Theologe Schwarz seine Erziehungslehre in einer Zeit, als noch die Kirchen in den vielen einzelnen Kleinstaaten des heutigen Deutschland die Aufsicht über die Volksschulen hatten. Die Lehrer unterstanden der geistlichen Schulaufsicht sowohl in fachlichen als auch in Glaubensfragen; z. B. in Preußen wurde sie erst 1872 vom Staat übernommen. Hessen-Darmstadt, die Heimat des Verfassers, wurde damals regiert von einem Landgrafen, und die Auswirkungen der Französischen Revolution machten sich auch mehr und mehr in den Nachbarstaaten Frankreichs bemerkbar.

In seinem ersten Buch, der „Erziehungslehre – Die Bestimmung des Menschen. In Briefen an erziehende Frauen" stellt der Pfarrer zunächst fest: *„Wäre die Erziehung eine Sache des gelehrten Denkens, so wäre sie durchaus nichts für Frauen ..."* Er sieht sie eher *„praktisch begabt".*

Im Laufe seiner sehr umfangreichen Ausführungen zu fast allen Fachbereichen – naturwissenschaftlich, historisch, theologisch, medizinisch, psychologisch – will der Autor den Frauen die Grundsätze einer guten Erziehung verdeutlichen, immer vor dem Hintergrund seiner christlichen Überzeugung. So kritisiert er u. a. jede Überheblichkeit gegenüber der *„Menge derer, die mit Sorgen um die Lebensbedürfnisse kämpfen ..."* und stellt fest: *„O wer fröhlich ist in seiner Arbeit, stehet in weit höherem Range!"* als die *„Menschen, die vor lauter Seufzen über die Beschwerlichkeiten des Lebens nicht die Zeit haben, zum Leben selbst ... zu gelangen."* Andererseits spricht er aber auch von *„Juden, die von kleinlichem*

Handel sich nähren, von der scharfsinnigsten Denkkraft, wenn es ihren Gewinn betrifft ..." Wie passt das zu den humanistischen Werten, die er ausführlich darlegt und als erstrebenswert bezeichnet?

Kritisch wird der heutige Leser auch seine wiederholten Bemerkungen sehen über *„die Bestimmung des Weibes"* zu einem *„Leben der Häuslichkeit, der Freundschaft, der sanften Gefälligkeit".* Jedoch schrieb der Pfarrer das am Anfang des 19. Jahrhunderts, und er wertet die Frauen nie grundsätzlich ab gegenüber den Männern. Zustimmen kann ich dagegen, wenn er im letzten Kapitel des ersten Bandes „Ueber den ersten Unterricht" die damals *„gewöhnlichen Lesebücher für Volksschulen so beurteilt":* Sie seien *„nach einer unpädagogischen Idee abgefasst, da sie ein nur durch den Faden des Buchbinders zusammengereihtes Stückwerk sind, enthaltend Etwas aus der Naturlehre, Etwas aus der Erdbeschreibung, Etwas aus der Geschichte u.s.w."* Er fordert – je nach Alter der Kinder – Lehrbücher zu einzelnen Fachbereichen, lobt *„das Talent des Erzählens"* bei den Lehrern und betont, *„in der That kostet jede Lehrstunde der Art nicht wenig Vorbereitung."*

Den zweiten Band mit dem Untertitel „Das Kind oder Entwicklung und Bildung des Kindes von seiner Entstehung bis zum vierten Jahre" beginnt der Verfasser wieder mit der Bemerkung, dass *„manche Urtheile das Buch (Anm.: den ersten Band) doch für das weibliche Geschlecht zu schwer hielten. Sonderbar genug."* Und er ergänzt: *„Die Erfahrungen im Kreise des Verf. stimmen nicht zu jener herabwürdigenden Meinung; jener (erste) Band soll nicht gleich einer Almanachslektüre seyn, sondern eine Anleitung zum Nachdenken über ein Geschäfte, das den Frauen nothwendig zukommt."* Zeigt sich hier bereits ein Sinneswandel gegenüber seiner früheren Meinung über Frauen?

Seine Darstellungen zur Entwicklung des Kindes umfassen medizinische und entwicklungspsychologische Aussagen, die er durch viele praktische Ratschläge für die Pflege und Förderung des Kindes ergänzt. Manches würden Fachleute heute sicher kritisch sehen. Besonders aber, was der Verfasser zur „Entwicklung der Menschenracen" behauptet, ist sehr verwunderlich: *„Es war Ein gemeinschaftlicher Stamm der Menschen. Hieraus haben sich vier Racen entwickelt. (Weiße, Neger, Hindostaner, Amerikaner.)"*

Zustimmen werden Pädagogen, wenn er über den Wert des Spiels für die freie Entfaltung des Kindes spricht und über Didaktik und Methoden eines guten Unterrichts. Wichtig ist ihm dabei, dem Kind *„keine andere Natur"* zu *„geben, als es mitgebracht hat." „Die Wartung und Pflege des Kindes soll so beschaffen seyn, daß sich in fröhlichem Gedeihen die Menschenkraft gehörig entwickele."* Immer wieder verwendet er bei seinen Ratschlägen Begriffe wie „freundlich, Wohlwollen, Frohsinn, Zuneigung, heiter, Harmonie" und bezieht sich dabei neben seinen eigenen Erfahrungen auf Philosophen, Ärzte und Pädagogen unter seinen Zeitgenossen und Vordenkern.

In einigen Grundaussagen des Verfassers stimmen seine Bücher mit dem überein, was die Pädagogen auch heute vertreten, während später im zwanzigsten Jahrhundert ganz andere Ideen vorherrschten. Ich denke dabei an die sogenannte „preußische Erziehung", die besonderen Wert auf „körperliche Ertüchtigung" und „Zucht und Ordnung" legte mit all ihren z. T. schlimmen Folgen für manches Kind.

Ich habe die Bücher gern gelesen, wenn auch etwas mühsam. In Erinnerung an meinen Großvater, der uns, seinen Enkeltöchtern, eine liebevolle Haltung vorlebte, schätze ich – trotz mancher Vorbehalte – die beiden über zweihundert Jahre alten Bände sehr und zähle sie zu den Büchern, die mir wertvoll sind.

Klaus Herrmann

Ein königliches Buch für Rinder

König Wilhelm I. von Württemberg (1781–1864) erhielt von Zeitgenossen den ehrenvollen Titel „rex agricolarum", zu Deutsch „König der Landwirte", zuerkannt. Mit dieser Auszeichnung würdigte man unter anderem seine Leistungen als „königlicher Landwirt", der seinem armen und hungernden Volk durch Förderung der Landwirtschaft Nahrung und Wohlstand geben wollte. Der Katalog der von König Wilhelm I. initiierten Projekte ist umfassend. Die Gründung der Landwirtschaftlichen Hochschule und heutigen Universität Hohenheim im Jahre 1818 zählt ebenso dazu wie die im gleichen Jahr erfolgte Einrichtung des Landwirtschaftlichen Hauptfests auf dem Cannstatter Wasen. Eine Meisterleistung seiner Aktivitäten war auch die umfassende Förderung der Viehzucht, und da scheute der Monarch keine Kosten. Aus seinem Privatvermögen erwarb er nach und nach mehrere landwirtschaftliche Güter in und um Stuttgart, in Ludwigsburg, Reutlingen und Manzell am Bodensee. Tiere unterschiedlicher Nutztier-Rassen kamen dort zur Aufstellung, wurden rein gezüchtet oder gekreuzt, immer mit dem Ziel, für die Württemberger Bauern besonders geeignetes Vieh hervorzubringen.

Das war ambitioniert und erforderte in der Umsetzung einen anerkannten Tierzuchtexperten. August Weckherlin (1794–1868) war die geeignete Person. Als

Sohn eines Prälaten und Realschullehrers hatte er im landwirtschaftlichen Institut von Philipp Emanuel von Fellenberg (1771–1844) im schweizerischen Hofwyl „Agricultur" studiert. Danach arbeitete er als Güterverwalter bei König Wilhelm I. von Württemberg und erwies sich dort bald als Meister der Tierzucht. Tiere aus 14 verschiedenen Rinderrassen brachte er im königlichen Tierzuchtprojekt zur Aufstellung. Aus England, der Schweiz, aus Ungarn, Ägypten und Indien stammten die Tiere, Rinder ebenso wie Stiere. *„Da, wo Tierzucht blüht, ist in der Regel der höchste Ertrag vom Landbau"*, lautete eine von Weckherlins Erkenntnissen. Auch ließ er wissen: *„Dem Zufall darf die Paarung nie überlassen werden."* Das waren hohe Ansprüche, die sich der vollen Unterstützung König Wilhelms I. sicher waren.

Bei der praktischen Tierzucht sollte es nicht bleiben. „Tue Gutes und schreibe darüber", heißt es – Anlass für König Wilhelm I. und seinen Adlatus August Weckherlin, ein königliches Buch über das bislang einzigartige Projekt einer herrschaftlichen Rinderzucht zu erstellen. Nichts Kleines, nichts Bescheidenes, nichts Unillustriertes sollte es sein, sondern ein opulentes, hoch informatives, bestens anzuschauendes Buch mit dem Titel „Abbildungen der Rindvieh- und anderer Hausthier-Racen auf den Privatgütern seiner Majestät des Königs von Württemberg nebst angehängter Beschreibung" sollte es werden, ein Buch, das in Form und Inhalt zum Projekt passte.

Als Verfasser kam nur August Weckherlin in Betracht. Er steuerte die Texte bei und besorgte die Lithographen. An der in Stuttgart seit 1821 bestehenden Lithographischen Anstalt waren sie tätig, allen voran Professor Lorenz Ekeman-Allesson (1790–1828) und seine beiden Schüler Gottfried Küstner (1800–1864) und Ferdinand Friedrich Wagner (1801 bis um 1850). Ihnen oblag es, die Tiere der königlichen Rinderzucht trefflich ins Bild zu setzen, und sie nahmen sich der Aufgabe mit großem Geschick und Können an. Aus jedem darzustellenden Tier machten sie eine Majestät, projizierten es in unterschiedliche württembergische Landschaften und zeigten immer wieder auch interessante Details der königlichen Güter. Jede der 36 großformatigen Tierdarstellungen ist ein Unikat, bestens anzuschauen, dabei informativ und majestätisch im wahren Sinne des Wortes.

Zwischen 1827 und 1834 erschienen Texte und Abbildungen in sechs Lieferungen und bildeten zusammen mit einem dekorativen Einband ein prachtvolles Buch. Wie viele Exemplare beim Stuttgarter Verlag F. C. Löflund und Sohn insgesamt erschienen sind, entzieht sich unserer Kenntnis.

In der Württembergischen Landesbibliothek Stuttgart und in der Universitätsbibliothek Göttingen befinden sich komplette Exemplare. Im historischen Antiquariat tauchen gelegentlich einzelne Tierdarstellungen, so gut wie nie jedoch ein vollständiges Buch auf.

Wann und wie Anfang der 1980er Jahre Werner Geißelbrecht, der verdienstvolle Gestalter der „edition libri rari" im Verlag Th. Schäfer, Hannover, auf das Weckherlin'sche Buch aufmerksam geworden ist, wissen wir nicht. Nur so viel ist belegt: Werner Geißelbrecht, der eine Vielzahl schönster Reprints wertvoller Bücher aus den Gebieten Architektur, Technik und Handwerk auf den Weg gebracht hatte, war von dem Buch hellauf begeistert. Einen kommentierten Reprint wollte er erstellen lassen, wobei ihm als Autoren der anerkannte Tierzüchter Professor Dr. Gustav Comberg (1910–1984) und meine Person geeignet erschienen.

Als Agrarhistoriker in Hohenheim hatte ich 1980 für den 14. Band der Lebensbilder aus Schwaben und Franken eine umfangreiche Biographie von August Weckherlin verfasst und kannte mich in seinem Leben und Wirken bestens aus. Die intensive Beschäftigung mit den „Hausthier-Racen" allerdings wurde zu einem weiteren großartigen Erlebnis, verbunden mit immer wieder neuen Eindrücken und Erkenntnissen. Die handelnden Personen des frühen 19. Jahrhunderts wurden ebenso wieder lebendig wie der landwirtschaftliche Betrieb auf den königlichen Gütern. Selbst die einzelnen Tiere, seien es Stiere aus Herefordshire, Rinder von Alderney, Gurtenvieh aus der Schweiz oder Zebus aus Indien, rückten wieder in Szene. Das Projekt nahm sowohl Professor Comberg als auch mich voll in Beschlag. Wir kommunizierten und stimmten uns ab. Rückte Professor Comberg die tierzüchterischen Aspekte in den Vordergrund, so ging es bei mir vor allem um die Einordnung in die Geschichte und die lithographische Gestaltung des Buchs. Das Resultat unserer Arbeit war vorzeigbar. Der Reprint geriet hochkarätig wie das Original. Werner Geißelbrecht hatte es bei der drucktechnischen Gestaltung an nichts fehlen lassen.

Das Buch ist etwas ganz Besonderes geworden. Es nimmt einen mit in eine Zeit, als die Tierzucht im Wesentlichen aus einer qualifizierten Bestenauslese bestand. Die Tiere wurden als Autoritäten behandelt, besaßen einen Namen und erhielten zum Lebensabend in aller Regel ein Gnadenbrot. Tiere, so sagten Kinder damals, gehören zur Familie. Die neuzeitliche Erkenntnis, dass es sich bei ihnen vorrangig um Produktionsmittel handelt, die Profit zu erwirtschaften haben, war noch nicht verbreitet.

Will man einfühlsam erfahren, wie es um die Tierzucht in der ersten Hälfte des 19. Jahrhunderts bestellt war, dann besorge man sich einen der Weckherlin'schen Reprints. Originale gibt es nicht auf dem Markt, doch der eine oder andere von den Geißelbrecht'schen Reprints taucht gelegentlich im Antiquariat auf. Für den Autor dieses Beitrags zählt das Buch zu den schönsten Büchern überhaupt, und das will etwas heißen, wenn man sein Leben lang in öffentlichen, kirchlichen und privaten Bibliotheken unterwegs gewesen ist. Dass er den Reprint vor fast vier Jahrzehnten kommentieren durfte, erfüllt ihn bis heute mit Stolz. Der Umstand, im Rahmen des Projekts „Wir lieben Bücher" nochmals vom königlichen Buch „Abbildung der Rindvieh-Racen" erzählen zu dürfen, ist darüber hinaus eine große Freude.

Ralf Rahier

Phantasie an Fäden – mein Figurentheater und seine Bücher

Da wir vor 1950 geboren wurden, wuchsen meine beiden Brüder und ich mehr als zwölf Jahre ohne Fernseher auf. So hatten wir das Glück, dass Bücher, die zu Geburtstagen und Weihnachten geschenkt wurden, ganz normal zu unserem Lebensalltag gehörten. Den Kleinkindbilderbüchern folgten die Schulbücher der Grundschule und der weiterführenden Schulen bis zum Abitur, ergänzt durch Abenteuerliteratur, z. B. von Astrid Lindgren und Karl May bis Jules Verne und Jacques Cousteau. Bücher haben auch für meine Theaterfigurensammlung eine große Bedeutung.

So sind der Umgang mit und der Gebrauch von Büchern schon seit meiner Kinderzeit für mich selbstverständlich. Es existieren viele lesenswerte alte und antiquarische, teilweise wegen ihrer Rarität recht wertvolle Schriften. Und es entstehen permanent sehr viele neue Fachbücher und Zeitschriften, in welchen Puppenspiel bzw. Figurentheater eine Rolle oder sogar die Hauptrolle spielen.

In kaum einer Sammlung von Theaterfiguren fehlt das Buch „Pole Poppenspäler" von Theodor Storm. Wir lasen während meiner Schulzeit diesen wichtigen Klassiker im Deutschunterricht der Realschule als Lektüre, die mir schon damals sehr gut gefiel. Hatten doch mein Bruder Kurt und ich bereits mit zwölf oder dreizehn Jahren angefangen, unsere ersten Fadenmarionetten und eine kleine Bühne in der Kellerwerkstatt unseres Vaters zu basteln. Handwerkliche Hilfe gab Papa als gelernter Polsterer und Dekorateur. Theorie und praktische Anleitungen fanden wir in Bastelbüchern und Fachliteratur. Damit war der Grundstein für die Beschäftigung mit dem Figurentheater gelegt und die Sammelleidenschaft geweckt. Es gehörten auch Bücher und andere Schriften dazu, schon alleine wegen ihrer reichhaltigen Bebilderungen.

Später, während des Studiums für das Lehramt im Fachbereich Kunst/Werken, wurde die Auseinandersetzung mit entsprechender Literatur professioneller. Das galt erst recht für das Referendarjahr, an dessen Ende ich eine zweite Examensarbeit mit dem Titel „Vom Klecks zur Marionette" schrieb. Sie handelte von der Gestaltung einer Unterrichtsreihe für den Kunstunterricht und eine Arbeitsgemeinschaft in den dritten und vierten Klassen der Grundschule. Das erforderte eine noch intensivere Sammeltätigkeit von Fachliteratur. Sie hält bis heute an. Meine Sammlung besteht mittlerweile aus mehr als 2000 Objekten und Hunderten Fachbüchern und Schriften.

Manchmal denken nette Zeitgenossen vor einem Zweitbesuch meiner Sammlung an mich und überlassen mir ein interessantes Buch. So erhielt ich vor einigen Wochen ein altes Exemplar von „Pole Poppenspäler" mit dem Untertitel „Eine Erzählung für reifere Jugend"; der feste Einband ist mit einer ganzseitig farbig gedruckten Marionettenkasper-Zeichnung geschmückt. Das Büchlein erschien im Jahre 1900 bei Westermann in Braunschweig. Über solche Spenden freue ich mich immer wieder sehr, weil sie die Sammlung bedeutsam erweitern, besonders, wenn es sich um einen so wichtigen kleinen Puppenspieler-Roman handelt.

Hier ein anderes Buchbeispiel: Der international verehrte Russe Sergej Obraszow erzählt als Altmeister des Puppenspiels und als Mitbegründer und Präsident der UNIMA (Weltverband der Puppenspieler, der UNESCO angeschlossen) in seiner Biografie „Mein Beruf" aus seinem Leben und über seinen Werdegang als Schauspieler, Maler, Puppenspieler. Er hat mir als Marionettenbauer in seinem Buch wichtige Aspekte über das Spiel mit Handpuppen vermittelt. Leider begegnete ich ihm nicht mehr persönlich.

Den international berühmten Stuttgarter Marionettenspieler Albrecht Roser durfte ich jedoch persönlich treffen. Das geschah während und nach seinen Vorstellungen in meiner Heimatstadt Mülheim an der Ruhr. Als Gäste trafen wir eine langjährige Kollegin und Freundin, die Schattenspielerin Margrit Fuglsang. Rosers Buch „Gustav und sein Ensemble – Beschreibungen eines in aller Welt bekannten Puppenspielers" machte ihn zu einem meiner wichtigsten Vorbilder im Figurenbau und -spiel.

Weitere Einzelbücher nennt der Taschenbuchkatalog des Fachverlages „Puppen und Masken" von Siegfried Nold aus Frankfurt. Hier finden Interessierte eine große Anzahl an Bauanleitungen für Handpuppen und Papiertheater, Museums-, Sammlungs- und Ausstellungskatalogen, Fachzeitschriften, Jubiläumsbüchern bekannter Bühnen, Figurentheater in Pädagogik (Kindergarten, Schule) und Therapie. Zu einer Theaterfigurensammlung gehört auch eine große Bibliothek.

Behalten oder weggeben?

Rainer Beuthel

Im Bücherhimmel

Oh nein … Wieder so jemand mit einem großen Papp-
karton, oben offen, Deckel hochgeklappt … schleicht
heran … Hoffentlich hat sie draußen nicht noch mehr im
Kofferraum … Bloß nicht gleich ablehnend gucken, sonst
werden sie leicht kiebig …

Nun stand die Frau vor mir, Alter vielleicht um die
fünfzig? Mit missionarisch strengem Blick hinter rand-
loser Brille. Geschätzt: Lehrerin oder Krankenschwes-
ter, noch nie hier gesehen, egal …

„Guten Tag, ich habe was für Sie. Ich habe gehört,
Sie nehmen Geschenke an." Sie wuchtete den Karton
vor mir auf meinen Arbeitstisch, schob dabei das Schild
mit der Aufschrift „Bibliothekarische Auskunft" auf
mich zu, sodass es mir fast in den Schoß fiel.

Die tickt wohl nicht richtig.

„Ja, kommt darauf an, was Sie da haben."

Ruhig bleiben.

„Es sind alles noch sehr schöne Bücher, zu schade,
um sie wegzuwerfen, ich habe noch mehr zuhause, sie
stammen von meiner verstorbenen Schwiegermutter,
die zeit ihres Lebens viel gelesen hat."

Ach du je, warum behält sie die Sachen denn nicht
selbst? Erlangt so den Bildungsstand ihrer Schwieger-
mutter.

„Ich kann den Karton ja einfach hierlassen, und Sie
sehen es sich in Ruhe an."

Ja ja, so versuchen sie es gerne: Karton einfach hierlassen, dann ist das Gewissen beruhigt, und ich darf ihren Papiermüll entsorgen.

„Wir nehmen schon Bücher an, aber sie müssen neu sein, aktuelle Romane, Taschenbücher, die nicht älter als zwei bis drei Jahre sind."

Ich wette, sie hat Sammelbände von Reader's Digest aus den Sechzigerjahren drin oder irgendwelche Buchgemeinschaftsausgaben von Pearl S. Buck oder Konsalik, den üblichen Schrott.

„Aber ... die Bücher sind alle noch gut. Und bei Ihnen wird doch gespart."

Auch das noch.

„Ich guck mal."

Jetzt wird es ernst. Sie stemmt schon beide Hände in die Hüften.

„Also, wie ich sehe, sind die Sachen alle recht alt. Unsere Leser wollen neue Bücher, nicht solche, die sie selbst nicht mehr zuhause aufbewahren wollen. Einiges von dem hier haben wir auch schon, zum Beispiel ‚Das Parfüm' von Süskind, das wurde uns in letzter Zeit bestimmt fünfmal geschenkt. Wir können es vielleicht auf unserem turnusgemäßen Flohmarkt verkaufen, aber da nimmt es auch niemand, weil viele es zuhause haben, verstehen Sie?"

Sie wird zappelig und guckt empört, gleich will sie den Chef sprechen. Dann wäre ich sie los.

„Und diese halb zerfallenen Schneiderbücher können wir hier unmöglich ausleihen. Tut mir leid, wir können das alles nicht gebrauchen."

Sag nichts von „blauer Tonne" oder „Recyclinghof" – sie muss selbst drauf kommen.

Sie sagte zunächst gar nichts mehr. Sie klappte die Deckel oben zu, schob ihre Finger an beiden Seiten unter den Karton, hob ihn an und sagte dann mit etwas tieferer Stimme: „Ihnen geht es hier zu gut. Ich werde mich beim Bürgermeister beschweren. Meint man es gut und wird hier behandelt wie eine Bittstellerin. Unverschämtheit! Auf Wiedersehen!"

Bloß nicht, und wenn, melde dich hier an wie fünftausend andere, die neue interessante Sachliteratur und Belletristik lesen wollen.

36 Jahre habe ich als Bibliothekar gearbeitet. Manchmal kam ich mir vor wie eine Art Beichtvater. Man erwartete von mir Absolution. Nein – Bücher wegwerfen, das geht nicht. Bringen wir sie zur Bibliothek, da sitzt ein Buchtheologe, der meinen ungeliebten Schätzen zu ewigem Leben verhilft. Amen.

Jedoch: Eine öffentliche Bibliothek ist kein Buchmuseum, ihr Platz ist begrenzt. Wer Neuerscheinungen einkauft, muss Veraltetes löschen. Was auf dem Flohmarkt nicht verkauft werden kann, kommt unweigerlich in den Papiermüll.

Die Satirezeitschrift „Titanic" machte vor etlichen Jahren mit einem Titelblatt „Heizen mit Büchern" auf das Problem aufmerksam: Ein Mann und eine Frau sitzen zwischen Stapeln „noch guter" Bücher vor einem Kaminofen und blicken versonnen ins Feuer …

Die beiden kommen sicher in die Hölle.

Jutta Kürtz

Bücher sind mein Leben

Nach einem Alptraum wachte ich auf. Gefühlt noch begraben unter Bergen von Büchern, die sich kreuz und quer übereinanderschoben, zusammengebrochene Regale streckten ihre Borde und Latten wild in die Luft … Und ich unter allem Chaos …

Wie immer in solchen chaotischen Aufwach-Situationen (ich träume oft und oft skurril) brauchte ich einen Augenblick der Vergewisserung. Ich und die mich im Schlafzimmer umgebenden Bücherwände waren unversehrt. Meine Bücherwelt war noch in Ordnung. Aber ich erinnerte mich schnell an das Gedicht „Lobgesang" von Karl Wolfskehl, das so endet: *„Bücher, Bücher, Bücher, Bücher, Meines Lebens Brot und Wein! Hüllt einst nicht in Leichentücher – schlagt mich in van Geldern ein!"* Und ich wusste auch noch, dass ich kürzlich die wirklich köstliche Geschichte „Bücher-Flohmarkt" von Alex Capus gelesen hatte, in der er u. a. zum Nachdenken zwingt mit dem Wunsch: „*… aber was geschieht mit meiner Bibliothek? In schwachen Momenten wünsche ich mir, dass all meine Bücher, die ich im Lauf meines Lebens gekauft und gelesen habe, mir als Grabbeigabe in die Gruft gegeben werden … Die Totengräber müssten da schon eine ganz ordentliche Grube ausheben, damit auch das letzte Reclam-Bändchen Platz hätte …"*

Was geschieht mit meiner Bibliothek? Eine Frage, die uns Viel-Leser sicher alle schon einmal bewegt und beunruhigt hat. Vor allem, weil auch wir ja schon „geerbt" haben, und wenn die Jahrzehnte eines langen Lebens über die betagten Buchrücken hinweggezogen sind und die eigenen, nämlich meine Themen- und Lese-Inhalte, nicht mehr so recht den Interessen meiner ja jüngeren Nachkommen entsprechen. „Übrigens, deine Bücher können wir nicht gebrauchen", sagte schon mal flapsig eine junge Frau im Rahmen einer meiner größeren Umzüge und meines damals sehr praktischen Wunsches nach Reduktion der Bestände. Was mich schwer verstörte, sogar verletzte. Ging es doch um Wertschätzung und Teil meiner Identität. Zugleich aber war ich erleichtert. Ich wollte mich ja gar nicht gerne trennen von meinen Bücherschätzen … Auch nicht wie Kurt Tucholsky „aussortieren" … Aber bei Umzügen waren die Kisten mit Büchern und Schriften immer die meisten und die schwersten.

Und die schwierigste Aufgabe war schon immer, Platz im neuen Zuhause für genügend Regalmeter zu finden und ein schlaues, schlüssiges System der Ordnung. Meiner individuellen Ordnung. Was gehört ins Büro, was in die Küche, was neben das Bett, was über oder neben das Sofa? Wie nutze ich die Quadratmeter der Bücherwände und was wird ausgelagert? Ins Archiv.

Denn *ich* will und muss ja die Bücher wiederfinden können. Für meine Leselust oder aus Wissensgier, zu praktischem Gebrauch oder als magische Kraft für meine Seele. Zum schnellen Zugriff und intensivem Vertiefen. Und das alles – nach der seltsamen Vorgabe der Verlage, die ihre Buchformate frei und höchst ansehnlich wählen und gestalten. Die gefällige Ausnahme sind die wunderschönen Insel-Bändchen … Zuweilen ist es aber zum Verzweifeln …

Prachtvoll großflächig sind die Bildbände, die Reisebücher mit ihren herrlichen Abbildungen, die Künstlerkataloge mit beeindruckender Werkschau. Eine Augenweide – aber Platzfresser ... Belletristik, Biografien und die Klassiker sortiere ich nach dem Alphabet. Holprig in Höhe und Breite – aber gut auffindbar. Ein Meter Fontane und zwei Meter Goethe vor Dörte Hansen und Herder und Hesse, Lessing und Schiller. Siegfried Lenz und Astrid Lindgren und Alice Munro passen da noch dazwischen, viele, viele mehr, Richard David Precht und Feridun Zaimoglu dahinter. Aber was für ein Problem machen die mächtigen, inhaltsreichen Sachbücher mit ihren wundervollen Illustrationen! Eine sichtbare Pracht. Mein ältester, gewaltiger „Schmöker" ist übrigens von 1645 ... Aber daneben klemmen sich dann kleine Schmuckstücke, auch eine handtellergroße Edition über Kulturgeschichtliches und kleine, alte Baedecker und unscheinbare Reclam-Bändchen, die thematisch dazugehören. Stelle ich eine Themenstrecke ein – beispielsweise die geliebten Gedicht- und Lyrikbände –, so steht plötzlich ein wortreicher Riese Peter Rühmkorf neben dem kleinen, schmalen Bändchen mit den Sonetten von Elizabeth Barrett Browning, neben der Kleinstausgabe von Ina Seidel, den Taschenbänden von Mascha Kaléko und Jan Wagner. Und erst die Anthologien! Wo bringe ich beispielsweise die Philosophen unter und wo die große Reihe Frauen-Historie? Und drei Buchrückenmeter zum Thema Weihnachten – eines meiner Spezialthemen – und ein Meter aller Facetten des Osterfestes ... Da rutscht das handliche Eier-Muster-Büchlein dann neben die Hasenschule, groß und klein, auch zwischen kluges Wissenschaftliches und herrliche Hochglanz-Großformate ... Endlos stehen bei mir die Reihen der Jahrgangsbände und regionaler Heimatbücher und vor allem die riesige Abteilung der Lexika und Nachschlagewerke – die gibt es schließlich auch noch aus vordigitalen Zeiten als Schmuckstücke mit Goldschnitt und kostbaren Einbänden und phänomenalen Abbildungen. Ich gestehe: Ich lese und gebrauche sie immer noch. Mit großer Wonne ... Ganz zu schweigen von meiner kostbaren Kochbuchbibliothek „Man nehme" von ganz alt (original 1712) bis ganz neu.

„Meinst du wirklich, dass du das noch alles lesen willst?", fragte mich dieser Tage einer meiner klugen Söhne, der längst alles, was er wissen will oder muss, digital herbeischafft. Er sah die Stapel vor den Regalen, die ich gerade mal wieder auf dem Fußboden vorsortiert hatte. Weil ich an einem Thema arbeitete und weil ich ein spezielles Buch suchte. Was ja auch ein Thema für sich ist. Verflixt, wo ist das Buch XYZ ...? Sohnemann hatte wohl gerade die hinreißende Reportage im Magazin der „Süddeutschen Zeitung" gelesen über die größte Bibliothek der Menschheit, nämlich die Bibliothek der ungelesenen Bücher, die ein Künstler zu seinem Thema gemacht hat. Was für ein Phänomen! 12,3 Bücher kaufen – so der Börsenverein – Leserinnen und Leser im Jahr. Ich mehr ... Aber viele dieser Bücher werden nie gelesen ... Man kann es statistisch belegen: Knapp 29 Millionen Menschen kaufen jährlich Bücher, 18 Millionen lesen Bücher.

Ich gehöre zu denen, die lesen. Jeden Tag. Berge von Zeitungen und Magazinen und Nachrichten. Wann immer es passt, auch Bücher. Nicht alle bis ans Ende – da stapeln sich also auch bei mir einige „bedürftige", angelesene Bücher am Bett, einige neben meinem Lieblingsleseplatz auf der Couch, riesige Stapel auch im Büro.

Meine Tage haben ohnehin für mich lebenslang schon zu wenige Stunden. Da schaffe ich nicht alle „Schinken" mit 400 Seiten Umfang. Aber ich lese immer. Seit ich denken kann. Bücher üben einen Sog auf mich aus, vermitteln mir unglaubliche Kraft, seit den ersten Leseversuchen. Schrieb doch Günter Kunert: *„Bücherlesen ist vonnöten, soll euch nicht die Dummheit töten … Lest und werdet sacht gescheit, dass Ihr einst die Klügren seid."*

Lesen ist für mich Lebensfreude, es erschließt mir mein Leben lang unbekannte Welten, es ist bereichernde Wissensmehrung. Ich finde Antworten auf bedeutende Fragen des Lebens. Ich lerne Menschen kennen. Mit wahrer Entdeckerfreude öffne ich die Buchdeckel, versenke mich in die Lektüre. Bin oft ganz verloren. Lesen bringt mich zum Nachdenken über meine eigenen Gedanken und wird zuweilen zum Korrektiv. Immer schärft es meine Gedanken, klärt meinen Wissensstand, macht mich kritisch-selbstkritisch. Und überhaupt ist es für mich eine Wonne, dem phantastischen Umgang mit Wort und Sprache zu folgen, Geistreiches, Humorvolles, Bereicherndes zu lesen und aufzunehmen. Den ganz eigenen Stil großer Literaten und Feuilletonisten genieße ich, ich delektiere mich an ihrer Wortgewandtheit und Lebenserfahrung. Lesen bringt mich mit ihnen ins Gespräch. Zuweilen greife ich auch zum Buch, um die eigene Stimmung zu heben, wenn der Tag mal nicht so läuft und mich Ärgernisse beschweren. Frei nach Montesquieu: *„Ich hatte niemals einen Kummer, den eine Stunde Lesens nicht verscheucht hätte …"* Ich mag Lyrik, liebe Gedichte, auch pointierte Kurzgeschichten. Ich mag schönen, sinnlichen Formulierungen nachspüren, meiner eigenen Phantasie ihren Lauf lassen bei guten Plots. Ich mag es, *wort-reich* beglückt und beseelt zu werden. Ich liebe das Leben und das Lesen.

Eine Welt ohne Bücher – meine Welt ohne Bücher –, das kann ich mir nicht vorstellen. Auch wenn ich – leider – weiß, dass ich gar nicht alt genug werden kann, um meine Bücherreihen alle zu lesen. Aber ich finde die Idee nicht so absurd, mir das „Buch der Bücher" unter meinen Kopf zu legen, bitte meine Goldschnittausgabe mit der schönen alten Schrift und den antiquierten Formulierungen, wenn ich auf dem Weg ins Jenseits entschwinden werde …

Bücher sind mein Leben. Bis ans Ende.

Hans-Jürgen Flamm

Tumult im Bücherregal

Es war schrecklich. Als wir uns aus Altersgründen entschlossen, in eine kleinere Wohnung zu ziehen, bedeutete das für mich vor allem: Du kannst nicht alle Bücher mitnehmen. In fast jedem unserer Zimmer stand zumindest ein Buchregal; Arbeitszimmer und Wohnzimmer waren nach Ansicht meiner Frau übervoll, im Schlafzimmer stand ein, wenn auch schmales, Regal, und selbst das stille Örtchen war bestückt mit entspannend-heiterer Lektüre – und einem Schreibblock, um Gedanken und Ideen festzuhalten, die sich an einsamen Orten manchmal einstellen …

Ich war Redakteur für ein Kunst- und Antiquitätenjournal gewesen, dabei hatte sich Beträchtliches an Fachliteratur angesammelt, viele Kataloge, zahlreiche Besprechungsexemplare. Sich davon zu trennen, fiel manchmal nicht schwer, vor allem, wenn es eine „Pflichtübung" gewesen war, professionelles Lesen, das das Buch ins Haus gebracht hatte, im großen Gegensatz zu begeisternder Lektüre, die den Leser ins Geschehen hineinzieht und nicht mehr loslässt. Viele Exemplare wanderten als Spende in das Freilandmuseum im Landkreis, aus dem Regal der Kunstbände kam eine Auswahl an eine private Kunstakademie unserer Stadt. Sie wurden begeistert aufgenommen – die Ankaufsetats dieser öffentlichen und privaten Institutionen sind nie ausreichend. Den Spender erfüllte das erhebende Gefühl, etwas Gutes getan zu haben. Freilich blieb einiges Unverzichtbare in Besitz, „Exoten" zum Beispiel wie „Die Verpackung des männlichen Geschlechts", eine augenzwinkernd überreichte Geburtstagsgabe meiner Kolleginnen zum Thema „Männermode". Oder die „Geschichte des Zahnstochers", ein fast bibliophiler Nachdruck des Originals von 1913.

Und dann die ganzen Design-Bände. Ich bin ein glühender Fan der Gestaltungsgeschichte, angefangen bei der „Arts and Crafts-Bewegung" des Briten William Morris – der in den 1860er Jahren eine Firma für Inneneinrichtungen gegründet hatte – bis in unsere aktuelle und manchmal verrückte Avantgarde-Zeit. Außerdem kann Design mehr sein als der Entwurf von Stühlen oder Karosserien. Italienisches Design ist Ausdruck eines Lebensstils, einer Kultur, einer Geisteshaltung. Das muss also bleiben. Dies gilt auch für meine Bände zur Plakatkunst. Ich war selbst jahrelang als Layouter in einem Verlag beschäftigt, mit grafischen und satztechnischen Entwürfen befasst, und konnte meinen Blick schärfen an stilistischen und druckgrafischen Entwicklungen etwa von Toulouse-Lautrec bis zum geliebten HAP Grieshaber. Außerdem: Die Bände waren (und sind) eine Augenweide.

„Wir haben doch sowieso zu viele Bücher", meinte meine Frau. Es waren ja nicht ihre. „Unser Bücherbestand muss halt ein bisschen verringert werden, ist wie eine Art Abmagerungskur." Obwohl, ihr Wunschtraum war immer der Beruf der Buchhändlerin gewesen. Dem trauerte sie manchmal noch nach, sie hatte genügend eigenen Lesestoff angesammelt, und so locker, wie sie sich gab, fiel ihr diese Reduzierung eigener Bestände doch nicht. Denn zur Abmagerung musste sie einen eigenen Anteil aus ihren Büchern beitragen.

Zwischen die gefüllten Regalwände hatten sich antiquarische Ausgaben gemogelt. Besonders mag ich einen Taschen-Almanach, „Zum Nutzen und Vergnügen auf das Jahr 1812" mit reizvollen Kupferstichen und Kurzbeschreibungen der (damals jungen) Königreiche Bayern und Württemberg oder mit den Einwohnerzahlen von Städten weltweit. London als einwohnerstärkste Stadt Europas zählte 900 000 Bürger, Peking lag bei zwei Millionen. Hamburg hatte damals 100 000 Bürger, in Stuttgart waren es 24 000.

Und es gab einen weiteren Almanach. Der heranwachsende Sohn hatte seinen lesehungrigen Vater zum Geburtstag mit einem Gedichtband überrascht: „An Dichterhand durchs Schwabenland". Ein Gang durch die Jahreszeiten. Sein ständiger Platz ist mein Schreibtisch geworden, und das ein und andere Mal ist der Griff danach wie ein Auftanken, wenn der PC bereits zu glühen beginnt. Die Freude am Lesevergnügen hat sich auf den Nachwuchs übertragen, das Entdecken und Verweilen in den Parallelwelten, die zwischen den Buchseiten aufsteigen. Leider hat die Enkelgeneration nicht mehr diesen Hang oder Drang zum Gedruckten. Das ist sehr schade. *„Als ich ein kleiner Junge war"*, schreibt Axel Hacke im aktuellen Magazin der Süddeutschen Zeitung, *„ging ich an trüben Tagen immer in die Stadtteilbibliothek in unserer Nähe, saß stundenlang zwischen den Regalen und stöberte, auf unklare Weise nach einem anderen Leben suchend als dem, das ich damals zu führen hatte."*

Um das Aussortieren von Belletristik schlich ich etwas herum. Das ist ein schwieriges Unterfangen. Tabu waren die wunderbar illustrierten Bände der Büchergilde, die mit Text und Bild doppeltes Vergnügen bereiten. Wie zeitgenössische Zeichner sich auf moderne Texte einlassen oder sich in alte Literatur hineinfinden, ist spannend. In den siebziger Jahren in der DDR erworben ist „Klein Zaches" von E. T. A. Hoffman, im Schuber und gestaltet und illustriert vom bekannten Hans Ticha.

Es folgen die Klassiker. Soll Boccaccio weg? Seine ergötzlichen Decamerone-Geschichten bereiten immer noch Vergnügen. Und der „Simplicius Simplizissimus", mit den Handätzungen von Max Hunziker? Der Band wirkt schon etwas gebraucht, da schaue ich immer wieder hinein, die Frage stellt sich nicht. Goethes Reisen und seine Gedichte, ohne sie geht es auch nicht. Ohne seine Bühnenwerke ist dies schon eher möglich, große Ausnahme nur ist der „Faust". Den habe ich – allerdings als Reclam-Heftchen – manchmal in Wartezimmern dabei. Lieber mit „Faust" und „Mephisto" nach Leipzig in Auerbachs Keller als mit deutschen Illustrierten nach Mallorca auf den Ballermann. Den begrenzten Platz auf meinem Schreibtisch hat jedoch Hölderlin erobert.

Unter den modernen Klassikern ist Max Frisch mit seinem „Homo Faber". Frisch sagt: *„Ich bin Techniker und gewohnt, die Dinge zu sehen, wie sie sind. Ich sehe den Mond über der Wüste (...), eine Sache der Gravitation, interessant, aber wieso Erlebnis?"* Frisch ist heute out. Ich habe ihn behalten. Kafkas Romane stehen ebenfalls noch da. Sogar „Ulysses", das sperrige, unzugängliche Ungetüm des James Joyce. Anlässlich der Feierlichkeiten zum 100-jährigen Erscheinen ist der Roman aktuell wieder in den Feuilletons. Ich habe ihn ebenfalls aus dem Regal geholt. Die Lektüre ist immer noch Anstrengung, kein Lesevergnügen. Ich habe ihn doch nicht etwa aus Prestigegründen behalten? Unverzichtbar ist „Die Blechtrommel". Fabulieren, erzählen, das ist pures Lesevergnügen. War Grass je besser? Hesse abzugeben, fiel mir dagegen erstaunlich leicht. Das ist doch ein Langweiler, meinte mein Freund. Mit so einer Aussage wird ja eine ganze Generation von „Steppenwölfen" zu Grabe getragen. Zum Glück landeten meine Ausgaben beim Sohn eines Freundes, der sein Glück kaum zu fassen wusste. Zu fabulieren weiß auch der Amerikaner Neal Stephenson in seiner Barocktrilogie „The System of the World", geschrieben mit Verve, Geist und voller Spannung – da war ich wieder beim Verschlingen von Geschichten in der Jugendzeit angekommen, das noch heute Suchtcharakter annehmen kann. Um keine falschen Vorstellungen zu provozieren: Ich habe das auf Deutsch gelesen. Für ein Lesevergnügen in der Originalsprache muss man besser präpariert sein als ich.

Die zeitgenössische Literatur wurde in großer Menge „gerettet", man kann nicht nur in der Vergangenheit schwelgen. Aber es kommt genügend Neues hinzu, und manches Exemplar wandert dann aus Enttäuschung in einen der Büchertürme, die inzwischen an vielen Orten stehen. Vielleicht begeistert sich ein anderer Leser gerade für diese Geschichten, die einem selbst nicht gefallen haben.

Und die Literatur der „Dritten Welt"? Erstaunlich viel „Unverzichtbares" ist dabei. Etwa Nagib Machfus, der bereits vergessene Nobelpreisträger (1988), mit seiner Trilogie einer Kairoer Kaufmannsfamilie (Teil 1: „Zwischen den Palästen"), von der westlichen Kritik mit den „Buddenbrooks" und der „Forsythe Saga" verglichen. Sie wird als *schönes böses Märchen aus dem alten Orient"* in der FAZ bezeichnet, was für die Erzählkunst des Ägypters spricht. Genauso gelobt wurde Vikram Seth für sein weitgespanntes Panorama der indischen Gesellschaft der 1950er Jahre, „Eine gute Partie". Bei beiden Familien konnte ich beim Lesen gleichsam am Familientisch Platz nehmen und in fernen Welten fast heimisch werden. Aus meiner Sicht als Leser hatte die Kritik bei beiden Recht: fremdländische Lektüre, wunderbar zu genießen. Das blieb also alles im Regal in der neuen Wohnung. Inzwischen dazugekommen ist „Das Quartett der Liebenden", eine mit Vergnügen zu lesende Menage à trois des Chilenen Carlos Franz, in der sich der Maler Johann Moritz Rugendas und Naturforscher Charles Darwin um eine attraktive Chilenin bemühen. Dafür gibt es in meinen Regalen keine „Buddenbrooks".

Geschenkte Bücher hatten, wie bereits erwähnt, eine größere Überlebenschance. So Ken Follet mit seinem Wälzer „Die Säulen der Erde", den ich vermutlich gelesen, aber sicher nicht gekauft hätte. Das ist Lesefutter. Wichtig war mir „Der Leopard" von Guiseppe Tomasi di Lampedusa, das Geschenk einer italienbegeisterten, ehemaligen Kollegin. Aus den beruflichen Kontakten hat sich längst eine anhaltende Freundschaft entwickelt, die über Entfernungen hält und sich immer wieder auch in Buchtipps äußert. Den Film „Der Leopard" habe ich mir ebenfalls angesehen; ich fand die Besetzung des Don Fabrizio durch den New Yorker Burt Lancaster etwas kühn, dies war wohl der Werbestrategie für den nordamerikanischen Markt geschuldet.

Und es gab neues Nachdenken. Sollen noch vorhandene Jugendbücher „entsorgt" werden? Etwa „Winnetou" oder „Huckleberry Finn", ohne die man niemals erwachsen geworden wäre, fasziniert von fremden Welten, fernen Ländern und ungeahnten Abenteuern? Das musste reiflich überlegt werden.

So verging einige Zeit, aber irgendwann waren die Bände aussortiert. Ein Buchantiquar kam und füllte seine Kisten. Mit einem weinenden und einem lachenden Auge sah ich ihn abfahren. Wenigstens gut aufgehoben, dachte ich, vielleicht in gute Leserhände kommend. Wochenlang hörte ich nichts. Der Händler meinte bei meinem Besuch: „Es wird schon werden, ist nicht so einfach …", und drückte mir eine kleine Anzahlung in die Hand. Später erfuhr ich, dass sein Antiquariat pleitegegangen war, Händler und Bücher waren verschwunden.

Tröstlich ist: Ich bin immer noch Mitglied der Büchergilde. So können eventuelle Lücken in den Regalen nicht groß werden – oder schon gar nicht entstehen. Da höre ich meine Frau im Wohnzimmer rufen: „Wir haben viel zu viele Bücher!" Hoffentlich droht keine neue Abmagerungskur.

Gustav Winkler

Mein letztes Buch

Neulich versprach ich einer Besucherin, die ein Heft-chen über das zurzeit in der Flensburger Phäno-menta ausgestellte Gegenwindfahrrad gestalten will, „mein letztes Buch". Das könne sie nicht annehmen, sagte sie. Sie hatte mich wohl missverstanden und dach-te eher, das sei so etwas wie das sprichwörtliche „letzte Hemd". Weil sie mit dem Rücken zu meinem immer noch halb gefüllten Bücherregal saß, konnte sie nicht sehen, dass es vielleicht mein 100-letztes Buch sein wür-de. Ich hatte aber etwas ganz anderes gemeint, nämlich ihr ein Exemplar eines in einer Auflage von 50 Stück gedruckten Büchleins mit dem Titel „Turbo-Gustavs Dampfmaschinen" zu widmen.

Das brachte mich zum Nachdenken. Waren die „Dampfmaschinen" nicht eigentlich mein erstes Buch, hatte ich überhaupt schon andere Bücher geschrieben, und was ist überhaupt ein Buch? Eine schlichte Defi-nition, die ich dem Buch „Out of Africa" der weltbe-rühmten dänischen Schriftstellerin Karen Blixen ent-nommen hatte, ist die, dass ein Buch fest mit harten Deckeln gebunden und schwer sein muss. Sie selbst hat einige dieser Bücher geschrieben, aber die Defini-tion stammte von ihrem somalischen Leibdiener und Büchsenträger Farah. Danach habe ich eigentlich nur eineinhalb Bücher geschrieben, eine master's thesis in den USA mit etwa 100 Seiten in schwarzem Leinen und eine doctoral thesis mit etwa 400 Seiten in rotem Leinen, beide mit Goldprägung. Die Doktorarbeit habe ich dreimal verkauft, aber nicht an andere Doktoranden, so wie das bei deutschen Politikern üblich zu sein scheint, sondern an ein schweizerisches, ein deutsches und ein schwedisches Industrieunternehmen. Richtig einträglich war nur die Verbindung zu der größten deutschen Automobilfabrik, weil sie in einen mehrjährigen Beratungsvertrag mündete.

Fünfzehn Jahre vor dem dicken Buch hatte ich an der Technischen Hochschule München ein dickes Heft geschrieben. Beide existieren nur in jeweils drei Exemplaren. Ich habe davon jeweils immer noch eines. Das Heft hat mir viel Ärger eingebracht, aber nicht wegen seines hervorragenden Inhalts, sondern weil ein anderer Hochschulangehöriger dies ohne mein Wissen unter seinem Namen in einer renommierten Fachzeitschrift veröffentlicht hat. Meine Klagen beim Verlag, beim Professor und beim Verein deutscher Ingenieure waren erfolglos. Der Hochschulangehörige wurde später Entwicklungsleiter für Dieselmotoren bei BMW und verstarb früh.

Jahre später wurde ich von dem Verfasser eines technischen Standardwerkes, das im Springer Verlag herausgegeben worden war, gebeten, dieses ins Englische zu übersetzen. Diese englische Übersetzung erschien dann auch noch in einer russischen und in einer chinesischen Ausgabe. Beides Raubdrucke. Ich kann weder die russische noch die chinesische Ausgabe lesen, finde aber in Letzterer meinen Namen mit lateinischen Buchstaben wiedergegeben. Als die zweite Auflage der deutschen Ausgabe vergriffen und der Verfasser verstorben war, bot mir der Verlag an, eine neue Ausgabe unter meinem Namen zu verfassen. Ich bedaure noch heute, dass ich dieser Einladung nicht gefolgt bin. Ich hatte aber gerade damals eine berufliche Wende vollzogen.

Mein zweites ungeschriebenes Buch, das ich ebenfalls auf Einladung eines anderen Verlages neu schreiben wollte, kam nicht zustande, weil die Lektorin meinte, man müsse den Text auch ohne die Bilder und Grafiken verstehen. Sie war offensichtlich humanistisch gebildet und nahm an, dass sie als Lektorin nur lesen, aber nicht verstehen sollte.

Schließlich das am Anfang erwähnte „letzte" Buch. Es ist überhaupt kein Buch, weil es nicht fest gebunden ist. Dafür hat es viele schöne Bilder und ganz wenig Text. Was würde die Lektorin dazu sagen?

Von Märchen und Sagen

Ingrid Rathje-Kohn

Märchen aus aller Welt für Kinder und Erwachsene

Meine erste Begegnung mit Märchen hatte ich auf dem Schoß meiner Mutter. In den Schummerstunden meiner frühen Kinderzeit wurden die Märchen vor meinem inneren Auge lebendig, wenn meine Mutter sprach. Sie erzählte aus dem Gedächtnis, was sie selbst so oft im Kinderheim gehört hatte. In den Jahren 1915–1925 waren Lieder und Märchen oft die einzige Unterhaltung der sieben Betreuer für die hundert Kinder, wenn Ruhezeiten angesagt waren.

Besonders in den kalten Zeiten der vierziger Jahre saß ich auf dem Schoß meiner Mutter neben der Brennhexe, mein Bruder auf dem Eimer mit dem Kleinholz daneben, während meine große Schwester es sich in Pullover und Mantel unter der Bettdecke gemütlich machte. Dann ging es los: Abwechselnd durften meine Geschwister ein Märchen aussuchen (ich war noch zu klein). Das einzige Buch im Haus, außer Schulbüchern, war eine Familienbibel vom Standesamt, also kein Märchenbuch. So hat unsere Mutter uns mit ihren Märchen die Wärme in die Seelen erzählt.

Schneewittchen, Dornröschen, Rumpelstilzchen, Brüderchen und Schwesterchen und viele andere wurden in unserer kleinen Stube zum Leben erweckt, begleitet von der lebhaften und sanften Stimme meiner Mutter.

„Der goldene Vogel" war das Lieblingsmärchen meines großen Bruders, und ich war so fasziniert von dem Prinzen, der auf dem Schwanz eines Fuchses reiten konnte. Ich hatte noch nie einen Fuchs gesehen, aber ich wusste, dass das eigentlich nicht wahr sein konnte. Aber Märchen sind Märchen, da ist alles möglich. Ich „sah" den Fuchs gegenüber beim Bauern um die schwarze Scheune laufen, mit dem Prinzen schaukelnd auf dem buschigen Schwanz – so lebhaft, dass ich mich noch heute daran erinnere.

Meine Schwester war schon ein großes Schulmädchen und wollte selten die gleichen Geschichten hören. So wurden es mit der Zeit viele Märchen, die da in der kleinen Stube zum Leben erweckt wurden. Manchmal, wenn meine Mutter andere Pflichten hatte, erzählte meine Schwester die Märchen, an die sie sich erinnerte. Dann war für uns alle drei Platz unter der wärmenden Bettdecke, und wir Kleinen hörten ihr zu, wenn sie im Tonfall meiner Mutter erzählte.

Das erste Märchenbuch kam ins Haus, als ich schon lesen konnte. Gekauft war es sicher nicht: Der Umschlag fehlte, und es fing gleich auf der ersten nackten Seite mit dem „Froschkönig" an. Dass die letzten Seiten auch fehlten, habe ich erst bemerkt, als ich mich bis zur letzten Seite durchgelesen hatte. „De lütt witt Katt" – so spannend, und auf einmal ging es nicht weiter! Das war wie „Ich komm nach Hause, und das Dorf ist weg". Das Märchen war nicht zu Ende, selbst der letzte Satz war nur angefangen … Sowas gibt es doch nicht, ich *musste* wissen, wie es weiterging! Andere Kinder haben auch Märchenbücher und die Schule eine kleine Bücherei.

Ich habe mich durchgefragt, gesucht, wo ich dieses Märchen finden könnte. Aber nirgends war es dabei, und so gab ich schließlich auf – bis zum Anfang der zweiten Klasse. Es gab ein neues Lesebuch mit neuen Geschichten. Nein, nicht „De lütt witt Katt", die stand auch da nicht drin, aber ein ganz neues Märchen: „Der Eisenhans", eine lange, abenteuerliche Geschichte von einem Prinzen und einem „wilden Mann". Es gehört auch zu den Märchen der Brüder Grimm, ist aber in den meisten Auswahlbüchern nicht enthalten. Ich war davon so angetan, weil die langen Haare des Prinzen im Laufe der Handlung in Gold getaucht wurden. Ich hatte lange, rote Haare, und wenn die Zöpfe gelöst und das Haar gebürstet wurde, schimmerte es golden in der Sonne. Was mir da wohl in den Sinn kam?

Das Schuljahr ging vorbei, das Lesebuch war nicht mehr da und auch „mein" Märchen nicht mehr, aber in meiner Fantasie blieb es seitdem lebendig. Bei jedem Märchenbuch bei Freunden oder in der Schulbücherei hielt ich Ausschau nach „meinem Eisenhans". Mein Interesse war nachhaltig geweckt, auch für andere Märchen, von Hans Christian Andersen und die dänischen Volksmärchen, gesammelt von Svend Grundtvig und Ewald Tang Christensen. Sie waren Teil des sprachfördernden Unterrichts in der dänischen Schule.

Da begegneten mir die Motive und die grundlegenden Handlungen von Grimms Märchen wieder in abgewandelter Ausführung mit ähnlichen Motiven. Aber auch vollkommen andere, für mich neue Geschichten, gab es da zu lesen. Bei den Andersen-Märchen sind deutliche Unterschiede zu erkennen, ob die Grundlage ein Volksmärchen ist oder es sich um ein ureigenes Andersen-Märchen handelt.

Gleiche oder ähnliche Motive gibt es in vielen Märchen in der ganzen Welt. Anfang der Sechzigerjahre begann der Diederichs-Verlag damit, die Märchen der Weltliteratur in loser Reihenfolge herauszugeben. Als ich das erste eigene Geld verdiente, kaufte ich mir Monat für Monat ein neues Buch, angefangen mit der Gesamtausgabe der Gebrüder Grimm. Und *da* war mein „Eisenhans"! Der erste Band, Nr. 36. KHM 136.

Anhand der Anmerkungen in der Märchensammlung begann ich meine eigenen Forschungen zu Märchen in aller Welt. Immer wieder ist der Drehpunkt der fachlichen Forschung in den Märchen der Brüder Grimm zu finden, auf jeden Fall im europäischen Raum. Das ist auch nicht verwunderlich, denn die Märchen mit ihren Motiven waren zum Teil schon Jahrhunderte vorher von Mund zu Mund weitererzählt worden, sicher von Wanderburschen, dem fahrenden Volk, von See- und Handelsleuten und Reisenden aus vielfältigen Anlässen. Jeder veränderte die Geschichten sicher ein wenig auf Grund der eigenen Erfahrungen und der persönlichen Glaubenswelt.

Um den Wissensbereich zu vertiefen, waren die ausführlichen Anmerkungen und Literaturlisten in der Märchensammlung willkommene Helfer, und die Bibliothek konnte mir fast alles herbeischaffen, was ich brauchte. In den Anmerkungen für jedes Märchen waren Typennummern angegeben mit Hinweisen, in welchen Ländern und in welchen Sammlungen ähnliche Märchen enthalten und in welchen Ausgaben der „Märchen der Weltliteratur" direkte Versionen mit ähnlichen Motiven zu finden sind.

Inzwischen hatte ich über zehn Bände mit Märchen aus Frankreich, Schottland, Dänemark, Norwegen und noch weiteren Ländern. Mit dem „Verzeichnis der Märchen-Typen" von Antti Aarne und Stith Thompson aus der Bibliothek konnte ich systematisch vorgehen und die Ähnlichkeiten und Abweichungen auch in Bezug auf die Grimm'schen Märchen herausfinden. Interessant waren die Hinweise im jeweiligen Nachwort, wo und wie sich lokale Gegebenheiten mit den bekannten Motiven vermischten und den Märchen eine volksnahe Prägung gaben. Das konnte ich bei skandinavischen, besonders bei den dänischen Märchen erkennen, weil mir das Brauchtum geläufig ist.

Auch die Märchen aus 1001 Nacht haben in Motiven und Märchentypen ihre deutlichen Spuren hinterlassen. Der Ursprung dieser Märchen liegt im Dunkel – irgendwo im indisch-persisch-arabischen Raum (laut Wikipedia) und kann in mehreren überlieferten Schriften bis über tausend Jahre zurückverfolgt werden.

Ganz besonders interessant ist es, durch die außereuropäischen Märchen Sitten und Gebräuche kennenzulernen und wie weit diese verbreitet sind, auch wieder mit ihren Unterschieden, z. B. wie weit sibirische Märchen Ähnlichkeiten aufweisen mit russischen und mit Eskimo-Märchen und wie ähnlich oder unterschiedlich japanische, chinesische und Märchen aus der Mongolei sind.

Es ist ein unerschöpfliches Wissensgebiet, das mir Material liefert mit Märchen aus fast fünfzig Ländern und Volksgruppen aus aller Welt. Und immer wieder entdecke ich neue Zusammenhänge, neue Glaubensrichtungen und neue Lebensarten, die mich in Erstaunen setzen über die Vielfalt der Erzählkunst.

Gundula Hubrich-Messow

Von Märchen und Büchern

Wer kennt nicht die Märchen der Brüder Grimm und weiß damit sofort, wie die Antwort auf die Frage *„Knusper, knusper, knäuschen, wer knuspert an meinem Häuschen?"* lautet. Genauso vertraut dürfte der Vers *„Spieglein, Spieglein an der Wand, wer ist die Schönste im ganzen Land?"* sein. Auch das Sprüchlein *„Heute back ich, morgen brau ich, übermorgen hol ich der Königin ihr Kind!"* ist nicht allzu schwer zu ergänzen. Diese Zitate stammen aus drei der Kinder- und Hausmärchen (KHM), die zusammen mit ungefähr einem Dutzend weiterer Erzählungen ganz vorn auf der Beliebtheitsskala rangieren. In vielen kommen Verse vor, die besser im Gedächtnis haften bleiben als vielleicht der exakte Gang der Handlung.

Doch wie steht es mit Büchern und allem, was dazugehört – wie Lesen und Schreiben –, eigentlich in diesen Märchen selbst? Die jüngste und schönste Königstochter verkürzt sich ihre Zeit, wenn sie sich langweilt, nicht mit Lektüre, sondern spielt am liebsten mit einer goldenen Kugel, die dann in einen Brunnen rollt. Der Frosch, der ihr Spielwerk wieder herausholt, wird am Ende bekanntlich ihr Ehemann. (KHM 1)

Dass in der Hütte des armen Holzhackers und seiner Frau Bücher stehen, ist unwahrscheinlich, denn sie können sich nicht einmal genügend zu essen kaufen und müssen ihre Kinder Hänsel und Gretel im Wald aussetzen. Ob es ein Backbuch für das Knusperhäuschen der Hexe gibt, ist nicht überliefert, doch die Augen der Alten sind ohnehin trübe, dann dürfte ihr das Lesen auch schwerfallen. (KHM 15)

Wer den niederdeutschen Spruch „*Manntje, Manntje, Timpe Te, Buttje, Buttje in de See …*" hört, weiß sofort Bescheid, dass es sich um den Fischer und seine Frau Ilsebill handelt. Bevor das Paar wieder wie am Anfang in seinem Pisspott sitzt, äußert die Frau als vorletzten Wunsch, Papst werden zu wollen. Bedenkt sie wohl dabei, dass sie die Messe lesen und auch Hebräisch, Griechisch sowie Latein lernen muss? (KHM 19)

Das tapfere Schneiderlein kann offensichtlich lesen und schreiben, denn nachdem es sieben Fliegen auf einmal getötet hat, näht es sich einen Gürtel und stickt mit großen Buchstaben darauf: „*Sieben auf einen Streich!*" Der Protagonist begegnet einem Riesen, der das erstaunlicherweise entziffern kann und glaubt, es handle sich um sieben Menschen, ebenso die Leute am Hof des Königs. (KHM 20)

Das arme Aschenputtel liest zwar, allerdings Linsen, Wicken und Erbsen aus der Asche, wozu sie von ihrer Stiefmutter gezwungen wird, während die beiden Stiefschwestern an der Brautschau des Königssohnes teilnehmen. Mit dem Vers „*Die guten ins Töpfchen, die schlechten ins Kröpfchen*" bittet Aschenputtel Vögel um Hilfe und geht darauf zum Bäumchen auf dem Grab ihrer Mutter, wo sie „*Bäumchen, rüttel dich, Bäumchen, schüttel dich, wirf Gold und Silber über mich!*" ruft und ebenfalls zum Schloss eilt. Der Prinz tanzt nur mit ihr, doch sie entwischt ihm. Noch zweimal wiederholt sich diese Szene, bis wenigstens ihr Schuh hängenbleibt. So können die Tauben erst bei der dritten Schuhprobe durch ihr „*Rucke di guh …*" Aschenputtel als die rechte Braut verkünden. (KHM 21)

Die schöne und fleißige Stieftochter einer Witwe muss am Brunnenrand sitzen und spinnen. Als ihr die Spindel ins Wasser fällt, gelangt sie in die Unterwelt zu Frau Holle, für die sie unter anderem die Betten aufschütteln soll. Mit Gold übergossen kehrt das Mädchen heim und der Hahn kräht: „*Kikeriki, unsere goldene Jungfrau ist wieder hie!*" Die hässliche rechte Tochter hingegen ist faul und wird deswegen mit Pech übergossen. Von Büchern ist weder in der Ober- noch in der Unterwelt die Rede. (KHM 24)

Ebenso wenig ist überliefert, ob Rotkäppchen zur Schule geht, wenn sie nicht gerade ihre kranke und schwache Großmutter im Wald besucht, um ihr Kuchen und Wein zu bringen. (KHM 26)

Ein armer Müllersohn steigt zum Grafen auf dank seines gestiefelten Katers. Am Ende des Märchens verwandelt sich ein Zauberer auf Wunsch des Katers zuerst in einen Elefanten und dann in einen Löwen, ehe er in Gestalt einer Maus schließlich vom Kater gefressen wird. Es wird zwar nicht ausdrücklich erwähnt, doch ist anzunehmen, dass seine magischen Formeln aus Zauberbüchern stammen, wie sie beispielsweise auf einer Radierung von Otto Speckter aus dem Jahr 1843 zu sehen sind. (KHM 33a)

Drei Söhne eines Schneiders gehen bei einem Tischler, einem Müller bzw. einem Drechsler in die Lehre. Die beiden älteren Brüder melden dem dritten Bruder in einem Brief, wie sie auf dem Heimweg ein Wirt um das Tischlein-deck-dich bzw. den Goldesel betrogen habe. Demzufolge müssen die drei Jungs lesen und schreiben können. (KHM 36)

Einer neugeborenen Königstochter wünschen zu Beginn eines weiteren Märchens zwölf weise Frauen bei einem Fest alles mögliche Gute, doch ob sie ihre Sprüche beispielsweise in einem Buch gefunden haben, wird nicht erzählt. Ebenso wenig liest das heranwachsende Mädchen Bücher, obwohl es ja Zeit genug hätte. Lieber streift es durch das Schloss und trifft dabei in einem Stübchen auf die alte Frau mit dem verhängnisvollen Spinnrad, worauf das schöne Kind in den legendären hundertjährigen „Dornröschenschlaf" versinkt. (KHM 50)

Auch für eine andere Königstochter wäre ein Hauslehrer sicher leicht finanzierbar, doch davon ist nirgends die Rede. Es ist nicht einmal bekannt, ob sie überhaupt lesen kann. Ihre vornehmste Aufgabe ist es nämlich, immer schöner zu werden, so dass ihre Stiefmutter sie hasst und schließlich umbringen lassen will. Als sie in ihrem Exil bei den sieben Zwergen deren Haushalt versieht, hält sie alles ordentlich und reinlich, allerdings wird das Abstauben von Büchern nicht ausdrücklich erwähnt. Doch die sieben Zwerge sind des Lesens mächtig, denn sie schreiben mit goldenen Buchstaben auf ihren Sarg, dass sie Schneewittchen heißt und eine Königstochter ist. Der Königssohn, der in den Wald gerät und im Haus der Zwerge übernachten will, ist auch kein Analphabet, denn er liest die Aufschrift, verliebt sich unsterblich in die Scheintote, und alles endet wie so oft im Märchen mit ihrer Hochzeit. (KHM 53)

Gegenüber dem König prahlt ein armer Müller mit seiner schönen Tochter, und zwar nicht, weil sie in einem Lesewettbewerb gewonnen hat, sondern angeblich Stroh zu Gold spinnen kann. Das gelingt ihr sogar dank eines hilfreichen Männleins, dessen Namen sie herausfinden muss, wenn sie nicht ihr erstes Kind an ihn verlieren will. Offenbar befinden sich auf dem Schloss keine Nachschlagewerke mit möglichen Namen, denn die Königin schickt lieber einen Boten aus, der sich umhören soll und schließlich die oben zitierten Verse von Rumpelstilzchen belauscht. (KHM 55)

Hingegen liest im Haushalt einer armen Witwe eine der beiden Töchter gern ihrer Mutter vor, und diese setzt bisweilen ihre Brille auf und liest den beiden Mädchen aus einem großen Buch vor. Diese idyllische Szene findet sich im Märchen von Schneeweißchen und Rosenrot. (KHM 161)

Bücher spielen in Märchen tatsächlich keine große Rolle, eine Ausnahme wäre beispielsweise das wohl weniger bekannte Grimm'sche Schwankmärchen vom starken Hans. Dieser wird im Alter von zwei Jahren zusammen mit seiner Mutter von Räubern in eine Höhle entführt. Dort befindet sich ein altes Ritterbuch, mit dessen Hilfe die Mutter ihm das Lesen beibringt. Das Buch wird allerdings nur ein einziges Mal erwähnt, und die Lesefähigkeit des Helden ist für die weiteren Abenteuer auch nicht vonnöten. (KHM 166) Ein anderer Schwank berichtet davon, dass ein Doktor einem Bauern rät, sich ein Abc-Buch zu kaufen und ein Schild mit den Worten „Ich bin der Doktor Allwissend" malen zu lassen. Die Kommentare des Bauern werden zu seinen Gunsten missverstanden und er wird reich. (KHM 98)

In den Sagen der Brüder Grimm ist hingegen durchaus von Büchern oder gar Zauberbüchern die Rede, ebenso im Repertoire anderer Sammler, in dem auch das sogenannte 6. und 7. Buch Moses bzw. Dr. Fausts Höllenzwang erwähnt werden oder Zaubersprüche vorwärts und rückwärts gelesen werden, je nachdem, was erreicht werden soll. Die Akteure werden als Menschen mit übernatürlichen Fähigkeiten bzw. Hexen und Zauberer bezeichnet, oder es soll gar der Teufel mit im Spiel sein.

Beliebt sind auch Schwänke, in denen Analphabeten aufs Korn genommen werden oder Geistliche Probleme mit der Bibel haben. In den Kinder- und Hausmärchen sind sie zwar nicht vertreten, doch die Brüder Grimm hatten als Bibliothekare Zugang zu zahlreichen älteren Sammlungen, aus denen sie so manchen Text übernahmen. Was ihre Quellen betrifft, hat die Erzählforschung inzwischen nämlich gründlich damit aufgeräumt, dass die beiden Gelehrten von Dorf zu Dorf gezogen wären und alte Leute befragt hätten. Ihre Erzähler waren beispielsweise gebildete, junge Damen, darunter viele Hugenotten, die gern auch Geschichten nach dem Vorbild französischer Feenmärchen des 18. Jahrhunderts zum Besten gaben. Weil das doch auffiel, war eines der beliebtesten Märchen, nämlich das vom gestiefelten Kater, schon in der zweiten Ausgabe nicht mehr zu finden, wanderte in den Anhang und hieß fortan KHM 33a. Und die Forschung nennt die Kinder- und Hausmärchen im Unterschied zu den eher mündlich überlieferten Volksmärchen gern auch Buchmärchen.

Wenn dieser etwas sperrige Begriff einfach umgedreht wird, kommt das vertraute Wort Märchenbuch heraus. Das spielt bei der Verbreitung der Grimm'schen Märchen nämlich eine wichtige Rolle, denn die rund zweihundert Jahre alte Sammlung soll inzwischen neben der Bibel zu den Spitzentiteln der Branche gehören. In gut sortierten Buchhandlungen findet sich in den Regalen für Erwachsene mit etwas Glück eine Gesamtausgabe, womöglich noch mit historisch-kritischem Kommentar. Sollte sie lieferbar, aber nicht vorrätig sein, wird sie kurzerhand bestellt. Oder der Interessierte besorgt sie sich von zu Hause aus gleich im Internet bei den omnipräsenten Versandgiganten, womöglich noch mit der Garantie, sie bei Nichtgefallen wieder zurückschicken zu können. In der Kinderabteilung der Buchhandlung steht wahrscheinlich mindestens eine Ausgabe der Brüder Grimm, oftmals nur in Auswahl und mit gekürzten Texten, dafür aber mehr oder weniger geschmackvoll illustriert. Hier reicht die Palette von Künstlerbilderbüchern bis zu Pixi-Büchern, Pop-up-Bänden oder Druckwerken mit Illustrationen nach Disney-Verfilmungen. Diese Massenware wird auch in Kaufhäusern oder Kaffeefilialen angeboten. Andere Produkte wie Kalender, Spiele, Teller, Becher, Plastikfiguren, um nur einige zu nennen, kommen noch hinzu.

Dabei kamen die ersten Ausgaben der Grimm'schen Märchen noch ohne Bilder aus, dann folgten einzelne Radierungen des sogenannten Malerbruders Ludwig Emil Grimm und später die Holzschnitte Ludwig Richters, die eigentlich aus Ludwig Bechsteins Märchenbüchern stammten, was keine großen Probleme machte, denn Ludwig Bechstein, seines Zeichens ebenfalls Bibliothekar, hatte viele Stoffe der Brüder Grimm übernommen. Ohne weiter ins Detail zu gehen, sei nur an Bechsteins etwas anders lautenden Titel wie „Die Goldmaria und die Pechmaria", „Aschenbrödel" oder „Tischlein deck dich, Esel streck dich, Knüppel aus dem Sack" erinnert, die durchaus bekannt sein dürften.

Diese Märchen lassen sich natürlich auch online lesen, wobei über die Frage, ob das noch ein Lesevergnügen ist, gestritten werden kann. Der große Vorteil digitaler Texte ist, dass jeder gesuchte Begriff sofort zu finden ist, beispielsweise die hier interessierenden wie „Buch", „Bücher", „Zauberbuch", „Bibel", „lesen", „Brille" usw. Sonst müssten eben die konventionellen Druckwerke wie die fünfbändigen Anmerkungen zu den Kinder- und Hausmärchen der Brüder Grimm, das zweibändige Handwörterbuch des deutschen Märchens – es umfasst nur die Buchstaben A bis G – oder die fünfzehn Bände starke Enzyklopädie des Märchens mit dem Untertitel „Handwörterbuch zur historischen und vergleichenden Erzählforschung" zu Rate gezogen werden. Der Registerband des zuletzt genannten Mammutwerks wiegt immerhin zwei Kilo, nur so viel zur Bezeichnung Handwörterbuch!

Und welches Buch käme wohl mit auf eine einsame Insel? Wenn dort der Empfang schlecht ist, können digitale Ausgaben vergessen werden. Vielleicht wäre es ja angebracht, einmal den anderen Longseller, die Bibel, von Anfang bis Ende zu lesen. Märchenmotive finden sich darin nämlich auch.

Falk Buettner

Wenn Thor den Hammer
schwingt ...

Oma sagte: „Eichen sollst du weichen, Buchen sollst du suchen." Und wir durften nicht neben dem Ofen sitzen, wenn draußen ein Gewitter tobte. Bloß schnell die Fenster schließen, sonst könnte ein Kugelblitz einschlagen. Die Gewitter waren damals in den heißen Sommern der Mark Brandenburg furchteinflößend heftig.

In dieser Nacht war es mal wieder so. Die Blitzableiter auf dem Dach gaben vorsichtig Entwarnung, und so schaute ich mit meinem Vater aus dem Fenster zu, wie Blitz und Donner die Nacht zum zuckenden Tag werden ließen und Donner auf Donner über uns hinwegdröhnten. Thor tobte mit seinem Wagen durch die Lüfte, und jedes Mal, wenn er seinen Hammer geworfen hatte, zählten wir: 21, 22, 23 ... Also drei Kilometer weg von uns. Ich sehe ihn mit seinen zerzausten Haaren, hammerschwingend auf seinem Wagen über die Wolken rasen, erinnere mich an die „wilde Jagd".

Ja, von diesen Sagen kannte ich fast alle. Faszinierende Geschichten! Wenn im Winter die Freunde keine Lust hatten, bei dem trüben Nieselwetter mit mir draußen zu spielen, lag ich im Wohnzimmer vor dem Bücherschrank auf dem Teppich und schaute mir die Bilder an, denn lesen konnte ich ja noch nicht. Da waren die vielen in Meiers Konversationslexikon, Reiseberichte aus allen Ecken der Welt, der Atlas und dann dieses eine Buch: Es waren dort alle germanischen Götter in wunderschönen Bildern beschrieben, Thor oder Odin, der Wolf, die Walküren und die Weltenesche. Um den Text waren Ranken gezeichnet. Ein golden verzierter dunkelblauer Einband. Das prägte sich ein.

Ein paar Jahre später konnte ich die Geschichten zu den Bildern lesen, wer weiß, wie oft. Einfach toll und spannend.

Aber dann, als ich gerade auf die Oberschule kam, endete meine Kindheit abrupt. Die Familie war gezwungen, die seit vielen Generationen angestammte Heimat zu verlassen. Ich hatte gerade noch Zeit, meine „wichtigsten" Bücher in ein Paket zu packen und an meine Tante „im Westen" zu adressieren. Das waren die komplette Ausgabe von J. F. Cooper „Lederstrumpf", Männer – Fahrten – Abenteuer, Ilias und Odyssee und Sitting Bull. Sie kamen tatsächlich an, und ich besitze sie noch immer, habe sie aber nie wieder gelesen. So ist das wohl nicht selten mit den Dingen, die einmal wichtig waren. Ganz anders war das mit meinem schönen Buch über die Götterwelt der Germanen. Das hatte ich damals in der Not vergessen. Es landete, wie alle Bücher meiner Eltern nach unserer Flucht, auf einem Scheiterhaufen im Garten. Und dieser Haufen war groß. Eine Schande! Verloren, verbrannt, und doch tauchte es bei jedem Gewitter aus der Erinnerung auf.

Mit meinem Onkel zog ich später in Westberlin durch einige Antiquariate, immer mit einem Auge auf den dunkelblauen Einband mit Goldschrift und dem typischen Jugendstildesign. Irgendwann kam ich auf die Idee, meine Adresse zu hinterlassen für den Fall, dass dem Händler das Buch in die Finger kommen sollte. Das tat ich in Berlin, in Bonn, in München, Tübingen und Hamburg. Nicht einmal Albersdorf blieb verschont. Auch in einschlägigen Läden in Dänemark hielt ich die Augen offen. Aber niemand meldete sich. In den gängigen Listen war nichts zu finden, den exakten Titel oder Verlag hatte ich nicht mehr im Kopf.

Dann wieder eine Zeit lang vergessen. Die Familie und der Beruf, die Hobbys und die Interessen für neue Dinge drängten alles andere beiseite. Irgendwann – natürlich nach einem Gewitter – berichtete ich meinen Mitarbeitern von der vergeblichen Jagd nach diesem Buch. Mittlerweile war ein halbes Jahrhundert vergangen, seit ich zum ersten Mal bewusst die Bilder bestaunt hatte. Unsere jüngste Auszubildende fragte wie nebenbei und als wäre es das Natürlichste auf der Welt: „Haben Sie das schon mal bei Ebay eingegeben?"

Irgendwie hatte ich davon gerade erst etwas gehört.

Gesagt, getraut – trotz der ungenauen Erinnerung an den Titel.

Da antwortet die Maschine völlig überraschend, dass zwei Leute in Deutschland dieses Buch zum Verkauf anböten. Aber das musste ersteigert werden. Da ich keine Ahnung hatte, wie das alles funktioniert, ich aber wie elektrisiert darauf brannte, ein Exemplar zu ergattern, bot ich eine recht hohe Summe in der Hoffnung, dass mich keiner überbieten möge. Nach 50 Jahren tat sich plötzlich die Chance auf, dieses Buch wieder in den Händen zu halten.

War es so, wie ich es in Erinnerung hatte, die Bilder immer noch so beeindruckend, die Geschichten wirklich so spannend? Die Zeit für die Ersteigerung lief quälend langsam ab. Ich hatte ja keine Ahnung, dass mich eine derartige Anspannung wegen eines Buches befallen könnte. Aber es hat wohl doch viel in mir bewegt.

Schließlich war mein Gebot so hoch, dass niemand mitbot. Ich bekam den Zuschlag und ein paar Tage später ein Päckchen mit einem hervorragend erhaltenen Exemplar genau dieses Buches, das ich in Erinnerung hatte. Ja, es war nach jahrzehntelanger Suche den Preis wert. Meine Erinnerungen wurden alle bestätigt. Und so steht dieses schöne und für mich wichtige Buch nun in meinem Bücherregal. Ich freue mich jedes Mal, wenn ich es in den Händen halten kann.

Bei Gewitter tobt Thor wieder mit seinem Hammer über uns hinweg, wenn auch bei Weitem nicht mehr so temperamentvoll und furchteinflößend wie in meinen Kindertagen.

Gut gemeint …

Dass Geschichten mit Büchern auch ganz anders verlaufen können, lernte ich vor wenigen Jahren. Anlässlich eines Besuchs auf dem Hof meiner Schwiegereltern stöberten meine Frau und ich mal wieder durch das Haus. Nachdem wir dort vor Jahren die ausrangierten und zum Teil demolierten Bauernbarockmöbel auf dem Boden gefunden hatten und auch restaurieren ließen, suchten wir diesmal nach Fotos, Erinnerungen und Geschichten.

Da fielen meiner Frau die Märchen der Gebrüder Grimm in die Hände. Recht zerzaust und zerlesen zeugte das Buch von fleißigem Gebrauch.

Das musste mit und landete bei uns im Regal. Der zerfledderte Rücken brachte mich auf die Idee, heimlich das Buch zum Buchbinder zu bringen, um es mit einem neuen Einband versehen zu lassen. Gesagt, getan, lag das schön neu gebundene Buch auf dem Geschenktisch.

Aber Freude? Nein, Entsetzen!

„Wie konntest du das dem Buch antun? Wie sieht das aus? Das ist nicht mein Buch!" Der Schreck war groß, der Schaden nicht wieder gut zu machen. Oder?

Tags darauf rief ich beim Buchbinder an und berichtete von dem Unheil, das wir in guter Absicht dem Märchenbuch aus Kindheitstagen in den Augen meiner Frau angetan hatten. Doch dann die unerwartete Wende: Er hatte den Leinendeckel vorsichtig abgelöst und aufgehoben.

Sofort brachte ich ihm das Buch zurück in die Werkstatt. Nach ein paar Tagen hatte er den Deckel so restauriert, dass es fast so wie früher aussah; nur am Rücken sind die Schäden noch ein wenig sichtbar und an den Rändern.

Die Freude über die weitgehend gelungene Rettung des Märchenbuches der Familie war nun auch meinerseits.

Gut gemeint ist häufig ein Synonym für schlecht gemacht. Das gilt es besonders bei den Dingen zu beachten, die so tiefe Eindrücke hinterlassen, dass sie uns ein Leben lang begleiten.

Viele Kinder lesen

Ursula Panzer

Über „Nesthäkchen" und mich

Ich bin jetzt fast 80 Jahre alt, und es ist mehr als sieben Jahrzehnte her, dass ich von meiner Patentante das Buch geschenkt bekam: „Nesthäkchen und ihre Puppen". Da wusste ich noch nicht, dass es der erste von neun Bänden einer der damals boomenden Backfisch-Reihen war, die in der Nachkriegszeit neu aufgelegt wurden, mitunter überarbeitet oder wie bei „Nesthäkchen" um den vierten Band von ursprünglich zehn verringert. Dieser („Nesthäkchen und der Weltkrieg") war mehrfach über die politischen Epochen verboten worden. Einmal war es wegen der jüdischen Autorin, dann wieder war er zu kriegsbegeistert oder deutschnational. Zuletzt stand er nach dem Zweiten Weltkrieg auf der Zensurliste der alliierten Kontrollmächte.

Für mich zählte nur, dass nun in schöner Regelmäßigkeit zu jedem meiner Geburtstage im Juli und zur Weihnacht der nächste Band eintraf: Die Geschichte einer Familie (im Kaiserreich und der Weimarer Republik), in deren Zentrum Nesthäkchen stand. Deren Entwicklung und Werdegang, ihre Gefühle und Erlebnisse bis in die Generationen ihrer Kinder und Enkel wurden fester Bestandteil meines Leselebens über fast fünf Jahre. Keine andere Romanfigur hat mich danach so lange und kontinuierlich begleitet.

Ob meine Patentante sich hatte beraten lassen, habe ich sie nie gefragt. Aber womöglich sagt es etwas aus über ihre Einschätzung meines Elternhauses ... Wäre ich ein Junge gewesen, wer weiß, vielleicht hätte ich mich durch Karl May gelesen, so wie heute, genderübergreifend, „Harry Potter" mitwächst. Mainstream eben. Für meine Tante jedenfalls stellte sich die Frage „Was schenke ich?" wunderbarerweise über mehrere Jahre nicht. Und da es für mich keine Medien gab, die Inhalte und Interpretationen sofort in die Welt posaunten, blieb es jedes Mal spannend, ganz abgesehen von jeweils einem halben Jahr Vorfreude. Obwohl die Nesthäkchen-Reihe später arg harsche Kritiken erntete bis hin zur „deutschtümelnden Schnulze", schaffte sie es doch in den 1990er Jahren ins Fernsehen, was mir ein Wiedersehen auf ganz anderer Medienebene bescherte.

Zum Zeitpunkt meiner Einschulung (etwa drei Jahre vor „Nesthäkchen") lebten meine Eltern und ich als Flüchtlingsfamilie aus Schlesien in einem Barackenlager, einem ehemaligen Fliegerhorst mitten im Wald nahe der Nordsee. Ich hatte mir statt einer Schultüte mit Süßigkeiten eine „richtige" Puppe gewünscht, ein verwegener Wunsch unter den herrschenden Verhältnissen. Ich wollte etwas Bleibendes, etwas, mit dem ich „sprechen" konnte. Und ich bekam sie, das Schildkröt-Modell Bärbel. Diese Puppe glich nun aufs Haar einer der auf dem Schutzumschlag des ersten Nesthäkchen-Bandes abgebildeten Puppen, was mich gleich entzückte. Ich mochte das Mädchen mit der gleichen Puppe wie ich wie eine ferne Freundin, die zwar weit weg von mir wohnte, noch dazu in der Großstadt Berlin, mir aber getreulich von ihrem so anderen Leben berichtete, mich teilhaben ließ. Dass Nesthäkchens jüngste Tochter dann später auch noch Ursel hieß wie ich, verstärkte noch einmal die Bindung. Ach, wie viel bezieht man in jungen Jahren doch schicksalhaft auf sich … Nesthäkchen geriet zu einer Gestalt, die, anders als meine Puppe, eben nicht mehr nur zuhörte, sondern jetzt war ich die Zuhörerin.

Von Fortsetzung zu Fortsetzung wurden wir älter, zunächst zeitnah, dann aber nahm Nesthäkchen Fahrt auf. Nach neun Bänden hatte sie schließlich schon Kinder und Enkel, während ich gerade mal anfing, in die Tanzstunde zu gehen. Meine eigene behütete Kindheit korrespondierte dennoch widerspruchsfrei mit der heilen Welt dieser Bücher. Die Aufmüpfigkeit der Kindergestalten etwa von Astrid Lindgren lernte ich erst später kennen, da kaufte ich mir meine Bücher vom Taschengeld schon selber. Obwohl Nesthäkchen mich an Jahren weit überholt hatte, entstand für mich eine Parallelwelt als Ganzheit, ein Schienenstrang mit vielen Haltestellen zum Aus- und Einsteigen, zum Verweilen oder lediglich zum Vorüberfahren. Ich hatte bislang nur Märchen, Geschichten, Kinderbücher gekannt, die in sich abgeschlossen waren. So eine Serie, die sich fortlaufend erweiterte, war Neuland. Sie war der Antrieb, dass ich wenig später anfing, Tagebuch zu schreiben.

Neben dem Tagebuch, in dem ich selber sozusagen zum sich fortschreibenden Nesthäkchen wurde, kam noch eine ganz andere „Serie" dazu, der Lesezirkel. Dieses wöchentliche Bündel von Zeitschriften, das als Abonnement ins Haus gebracht und im Austausch wieder abgeholt wurde, hatte nun so gar nichts mit meinen Lebensgewohnheiten zu tun, es war reine Leseexotik, aber eine sehr spannende und umfassende. So sehr meine Eltern Nesthäkchen und andere Mädchenbücher glücklich gebilligt hatten, so ungern sahen sie meine Faszination für die Magazine. Eigentlich war es das Internet jener Zeit, Klatsch und Tratsch, Krimi, Herzschmerz, Reise, Mode, ein bisschen langsamer im Umlauf, aber nicht weniger vielseitig im positiven wie im negativen Sinne. Meine Eltern versteckten die bunten Hefte nicht gerade vor mir, aber sie versuchten es erfolgreich mit einer Alternative: Ich bekam einen Büchereiausweis.

Noch eine neue Welt, und keinerlei Vorauswahl durch andere! Jetzt lernte ich, dass man Bücher nicht nur nach Protagonisten oder ansprechenden Umschlägen und verheißungsvollen Titeln auswählt, sondern auch nach Autoren und Schriftstellerinnen.

Wer war also Else Ury? Wer hatte Nesthäkchen erschaffen, geschrieben?

Aber zu diesem Zeitpunkt war es für mich gleichzeitig zu früh und zu spät für diese Frage. Zu früh, weil Ury, wenn überhaupt, in den Literaturlexika meiner Bücherei nur mit ihren Lebensdaten (1877–1943) und den Erscheinungsjahren ihrer Bücher auftauchte (die originale „Nesthäkchen"-Ausgabe endete 1925). Und zu spät war es, weil mir zunehmend meine Schullektüre dazwischenkam und damit deren Autoren in den Vordergrund traten. Danach bestimmte das Studium meine Leseschwerpunkte, vor allem die Gegenwartsliteratur, in der die Vita der schreibenden Zunft eine gewichtige Rolle spielte, ebenso wie der politische und historische Hintergrund. Die Autoren bekamen eine Sekundärliteratur, die nur zu oft die Interpretation ihrer Werke einfärbte.

Wer hier das heute so politisch korrekte Gendern bei mir vermisst, muss sich damit abfinden, dass ich das auf meine alten Tage mir nicht mehr anverleiben will, und ich denke auch nicht darüber nach, ob so rollenlastige Mädchenbücher wie „Nesthäkchen" & Co. daran schuld sind …

In den 1980ern stieß ich auf einem Flohmarkt bei der Suche nach Büchern für unseren kleinen Sohn unvermittelt auf eine alte Ausgabe des einst verfemten Bandes „Nesthäkchen und der Weltkrieg". Ich erwarb und las ihn, ordnete ihn in seine Entstehungszeit 1917 ein, und da war sie wieder, die Frage nach Else Ury. Es dauerte dann noch bis 1993, als ich wirkliche Antworten bekam. Da erschien die erste und, soweit ich weiß, einzige Biografie: „Nesthäkchen kommt ins KZ" von Marianne Betzel. Gruselig! Als Neuausgabe trug diese Biografie denn auch den Titel „Mir kann doch nichts geschehen". Im Gegensatz zu ihrem Geschöpf Nesthäkchen, dem in seiner hellen heilen Welt tatsächlich nichts geschehen konnte, wird Else Ury von der Wirklichkeit der realen Zeitläufte eingeholt und überrollt. Durch ihre Bücher lange sehr erfolgreich und begütert geworden, wird sie als Jüdin, entrechtet und enteignet, nach Auschwitz deportiert und dort 1943 ermordet. Die zwiefache Titelwahl ihrer Biografie geht diesen Weg in umgekehrter Richtung. Aber die Abfolge des wirklichen Geschehens in der Zeit ist eben doch linear, und keine Zeitmaschine kann in eine glückliche Vergangenheit zurückführen, wie Bücher es können.

Irgendwie war ich in der Rückschau dankbar, dass mir diese erschreckende Aufklärung so lange unbekannt geblieben war und ich sie erst als Erwachsene erfuhr. Ich konnte ja inzwischen eine Trennung vollziehen zwischen den unverschatteten Glücksgefühlen meiner Kindheit und dem düsteren Schicksal der Frau, der ich jene Lesefreude von einst verdankte. Diese Leselust ist mir geblieben bis heute, wenn auch nicht nur durch Ury geweckt. Trotz vieler E-Books und den Hörbüchern (die es erlauben, den nicht mehr so flinken Augen eine größere Schrift einzustellen oder sie ausruhend gar ganz zu schließen) ist dabei doch das haptische Blättern in einem „richtigen" Buch mein Favorit geblieben.

Nesthäkchens Jüngste verließ als Einzige Deutschland – nur der Liebe wegen, versteht sich – und lebte fortan in Brasilien. So viel fernes Ausland, ein ganz anderer Kontinent, schuf beim Lesen neue Träume in mir, befeuert auch von den Reiseberichten, die immer häufiger in den schon angesprochenen Zeitschriften ihren Platz fanden, einer abenteuerlicher, aufregender und fremdartiger als der andere, aber doch noch unendlich weit entfernt von meinem Cuxhaven an der Elbmündung. Immerhin lagen im Hafen dann schon die großen Ozeandampfer vor ihrer Abfahrt nach Amerika bereit zur staunenden Besichtigung. Dass ich dann viel später mit Mann und Sohn wirklich fast alle Kontinente mit Begeisterung bereisen konnte, war eine viel weitergehende Verwirklichung von Interesse und Neugier, als Ury es ihren Gestalten je gestattet hatte.

2017 schließlich entschied ich mich nach vielen Städtereisen für einen Besuch in Krakau. Ein Tagesausflug führte mich dann dorthin, wo Else Ury gestorben war: nach Auschwitz. Es war kein „Ausfliegen", wie Nesthäkchen und die Freundinnen es an hellen Sommertagen in eine blühende Umgebung unternommen hatten. Es war ein Abstürzen in Abgründe, die sich für Nesthäkchen noch nicht aufgetan hatten und die Ury lange nicht sehen wollte und leugnete, die sie aber dennoch letztlich verschlangen.

Anders als Menschen können Bücher wieder auferstehen, wie es die Geschichten um Nesthäkchen taten. Man zieht ihnen frische Kleider an, und neue Generationen können sie lesen, so wie ich in den 1950ern. Natürlich liest man als Erwachsener nach Jahrzehnten seine Kinderbücher anders. Eigene Erfahrungen, Erlebnisse, Enttäuschungen wie Erfolge fließen, bewusst oder unbewusst, unweigerlich mit ein, kritisch oder bestätigend. Und dann wünscht man sich die Unmittelbarkeit, den Zauber, die reine Unbefangenheit der ersten Lektüre zurück, aber sie bleibt „eingefärbt" durch eigenes gelebtes Leben. Das Damals ist zur Erinnerung geworden. Wenn man Glück hat, ist es eine strahlende Erinnerung. Aber sie kann auch, unwiderruflich, von einem Grauschleier überzogen werden: So wie „mein" Nesthäkchen seit Auschwitz diesen Grauschleier trägt.

Annke Malcha

„Der kleine Nick" – ein Buch für alle, die Kinder lieben

Ein Buch lieben? Diese Empfindung habe ich vielleicht als Kind gekannt, als mich wunderschön gestaltete Märchenbücher mit glänzenden Titelbildern gefangen nahmen. Man tauchte in eine andere Welt ein und wurde mit befreienden Gefühlen entlassen. Bücher, die mir gefallen, bewegen mein Fühlen und Denken, ich werde emotional angesprochen, kann mich über die Gedanken und das Verhalten der Handelnden in ihrer Zeit wundern oder verwundert sein. Schilderungen von Erlebnissen und Erfahrungen, die in der Art ihrer Darbietung Lesefreude, Amüsement und Spannung hervorrufen, nehme ich gerne zur Hand.

Viele der genannten Kriterien treffen auf das Buch von René Goscinny und Jean-Jacques Sempé „Neues vom kleinen Nick" zu. Als Gegengewicht zu den vor allem in meiner Jugend verpönten und mir unbekannten Comic-Heften habe ich mich mit den Geschichten vom „kleinen Nick" angefreundet. Vor einigen Jahren schenkte mir meine frühere, jetzt alte Lehrerin den Sammelband „Neues vom kleinen Nick", der inzwischen zu einem Klassiker geworden ist, einem Klassiker für Kinder. Für mich ist es ein Erwachsenenbuch!

Als die Geschichten vom „kleinen Nick" in den 1970er Jahren in Deutschland bekannt wurden, waren sie in

Frankreich schon jahrelang in der Zeitung (Sud Ouest Dimanche) in satirischen Kolumnen erschienen. Was zunächst dazu gedacht war, Erwachsenen einen Spiegel vorzuhalten, in frischer, direkter, einfacher Sprache den kindlichen Blick auf alltägliches Geschehen im Leben der Menschen zu lenken, unterstrichen durch drollige, freche, treffende Illustrationen, gewann bald viele Anhänger. Die zeitlosen, teils komischen, pointiert dargestellten Situationen erzeugen Spannung und Freude. Das alles in netter Atmosphäre, in friedlichem Ton, bei positiver Grundhaltung. Niemand wird diskriminiert, keiner wird gedemütigt.

Trotz der Erfolge blieben Kritiken von Sprachwissenschaftlern und Lehrerverbänden (auch aus Deutschland) an der „niveaulosen", einfachen Sprache nicht aus. Doch der kleine Nick wurde zum Helden, das Erwachsenenbuch zum Kinderbuch, das bei ihnen und bei Kindern gleichermaßen großen Anklang fand. Auch für mich gibt es eine Vielzahl von Gründen, aus denen ich den kleinen Nick von Zeit zu Zeit gerne zur Hand nehme.

Mir gefallen die kurzen Erlebnisse, die in der den Kindern eigenen Sprache („Nicks Sprache", wie der Autor selbst sagt) dargestellt werden und von guter Menschenkenntnis zeugen. In den Erzählungen handeln Kinder in der ihnen eigenen spontanen und unverstellten Art. Ihr Einfallsreichtum, ihre Ehrlichkeit und ihre entwaffnende Logik halten manchem Erwachsenen (in seiner Doppelmoral) einen Spiegel vor, können entlarvend und erhellend wirken. In den kindlichen Äußerungen werden menschliche Charakterzüge geschildert, klar ausgesprochen und als gegeben hingenommen. Die feinen Sticheleien des Autors werden durch die prägnanten Illustrationen von Jean-Jacques

Sempé noch unterstrichen. Dazu ist es dem Übersetzer Hans Georg Lenzen gelungen, die feine Ironie adäquat im Deutschen zu erhalten.

Ich lege den „kleinen Nick" allen Erwachsenen ans Herz, die Kinder mögen und deren Verhalten genauer kennenlernen und besser verstehen möchten. Wer kurze, gehaltvolle Geschichten lieber liest als lange zusammenhängende Texte und dabei über feine Ironie schmunzeln kann, der wird schnell ein Freund des „kleinen Nick" werden und sein Verhalten wohlwollend beobachten, weil er sich an die eigene Kindheit erinnert. Allen, die aus beruflichen Gründen Kinder liebevoll leiten oder lenken möchten, ist dies Buch sehr zu empfehlen. Es bietet viele Anregungen und Beispiele als Vorleselektüre, die auch für Erwachsene ein großer Gewinn sein können. Man muss ihn einfach lieben, den „kleinen Nick" – und mit ihm alle Kinder.

Und so erzählt der kleine Nick von den neuen Nachbarn: „... *hinter dem Möbelwagen hat ein Auto gestanden, da ist ein Mann mit dicken Augenbrauen ausgestiegen und eine Frau in einem geblümten Kleid, die hat Pakete getragen und einen Vogelkäfig, und dann ist ein kleines Mädchen ausgestiegen, so groß wie ich, mit einer Puppe im Arm. ‚Hast du gesehen, wie die sich ausstaffiert hat, die Nachbarin?', hat Mama gesagt. ‚Die sieht aus, als hätte sie sich in eine Gardine gewickelt!' ‚Ja', hat Papa gesagt. ‚Und er fährt ein älteres Modell als wir!' ... ‚Darf ich in den Garten gehen?', habe ich gefragt. ‚Ja', hat Papa gesagt, ‚aber störe die neuen Nachbarn nicht.' – ‚Und schau sie nicht an, als ob sie seltene Tiere wären', hat Mama gesagt, ‚man darf nicht indiskret sein!' Und dann ist sie mit mir rausgegangen und sie hat gesagt, sie muss unbedingt die Begonien gießen ..."*

Margrit Hansen

Wie ich zur Sprache meiner kindlichen Umgebung zurückfand

Der erste Anstoß erfolgte durch „Century of the Child", eine Ausstellung im Jahre 2017 in Berlin. Das Buch „Century of the Child" (Das Jahrhundert des Kindes), 1899 verfasst von der schwedischen Philosophin, Sozialreformerin und Reformpädagogin Ellen Key, gab der Ausstellung in den Nordischen Botschaften ihren Namen. Hervorgegangen war die schwedisch-finnische und dänische Produktion aus „Century of the Child: Growing by Design, 1900–2000", 2012 im Museum of Modern Art, New York, im MoMA. Nach Stationen in den nordischen Ländern war „Century of the Child" nun erstmals in Deutschland zu sehen. Mein Forschungsgebiet betraf zufällig die Schriften von Ellen Key (1849–19).

Im 20. Jahrhundert, das die gesellschaftlich engagierte Schriftstellerin Ellen Key leider zu optimistisch zum „Jahrhundert des Kindes" ausrief, hat sich zumindest die Auffassung vom Kind grundlegend verändert. Heute sehen wir die Kindheit nicht mehr als eine Zeit des Wartens auf das Erwachsenwerden an, sondern als einen eigenständigen Lebensabschnitt. Kinder haben ein Recht auf Kultur, nicht nur, um sich auf das Erwachsenendasein vorzubereiten, sondern um in ihrer Weise

Gefühle und Gedanken auszudrücken. Eine neue Lernkultur soll den Horizont erweitern. Dazu gehören auch Bücher – als Bereicherung des Lebens. Bücher – auch schon für Kinder!

Der polnische Arzt und Pädagoge Janusz Korczak (1878–1942) zeigte in seinem pädagogischen Programm eine mit Ellen Key übereinstimmende Sicht auf kindliche Bedürfnisse und kindliche Entwicklung. Für den Arzt und Naturwissenschaftler wurden Kinder nicht erst zu Menschen (durch Erziehung gemacht), sondern sie waren es selbstverständlich von Geburt an. Und nicht zu vernachlässigen: Key und Korczak formulierten Kinderrechte. Für viele gilt Korczak als der Erste, der mit seiner „Charta der Menschenrechte für Kinder" dieses versucht hat.

„Century of the Child" lenkte meine Nachforschungen auf Elsa Beskow, denn diese Ausstellung präsentierte nordische Kunst und nordisches Design, das seit 1900 in ganz Europa die Lebensumgebung der Kinder veränderte. Weltweit bekannt sind bis heute Namen wie Alvar Aalto, Kay Bojesen, Olafur Eliasson und eben Elsa Beskow.

Elsa Beskow (1874–1953) ist bis heute eine der bekanntesten Kinderbuchautoren Schwedens. In ihren Büchern wirkt die Natur inspirierend auf die Handlung ein und ermöglicht den Kindern, ihre Phantasie zu entwickeln. Beskow stammte aus einer reformpädagogisch interessierten Familie. Ellen Key unterrichtete an einer reformpädagogisch orientierten Mädchenschule. Beskow, geborene Maartman, war zunächst ihre Schülerin, später (1894) arbeitete sie dort selbst als Zeichenlehrerin. Sie wurde zu einer Wegbereiterin moderner Kinderliteratur. Beskow hat ihre zahlreichen Kinderbücher selbst illustriert. Beeinflusst war Beskow auch von ihrem Landsmann Carl Larsson und seinem Kunstband „Haus in der Sonne". Er zeigt Aquarelle mit unbekümmert spielenden Kindern – wie ein Vorausecho auf Astrid Lindgrens „Pippi" und auf „Bullerbü".

„Schönheit für alle" war Keys Motto, und in diesem Geist wollte man die Unterrichtsmittel und die oft düsteren und kargen Räumlichkeiten der Schulen erneuern und verschönern. In diesem pädagogischen Zusammenhang erschien 1906 auch Lagerlöfs Buch „Die wunderbare Reise des kleinen Nils Holgersson mit den Wildgänsen".

Voller Erstaunen erkannten Kinder und Lehrer, dass man nicht das am besten im Gedächtnis behält, was man sich mühevoll aneignet, sondern das, was man durch Lektüre, die Spaß macht, aufnimmt!

Und so wuchs die Idee zu meinem Vorhaben, die berühmte schwedische Kinderbuchautorin in plattdeutscher Sprache zu Wort kommen zu lassen, ganz allmählich heran.

Das folgende Jahr 2018 wurde zum „Europäischen Jahr des Kulturerbes" ernannt. Die sogenannten Europäischen Jahre sollen ein bestimmtes Thema in den Vordergrund der Öffentlichkeit sowie politischer Entscheidungsträger rücken. Mit dem Motto „Sharing Heritage" stand die Wahrung des kulturellen Erbes in Europa im Fokus. Die plattdeutsche Sprache ist ein wesentlicher Teil der nordeuropäischen Kultur, doch gerade bei der jüngeren Generation spielt sie eine immer geringere Rolle. Eine bedrohte Sprache, eine Heimat, die es so nicht mehr geben wird, ganz ähnlich wie „Das entschwundene Land" der Astrid Lindgren – auch das floss mit hinein.

Mit Beskows Saga „Olles skidfärd" bin ich gestartet. „Okes Skifohrt" heißt es nun auf Plattdeutsch.

Plattdeutsch ist gemeinsam mit Friesisch, Dänisch, Schwedisch, Norwegisch, Isländisch und Faröerisch sowie weitgehend auch Englisch und Niederländisch von den mittel- und oberdeutschen Sprachgruppen abgegrenzt und war im nördlichen Europa als Handelssprache eine Art „Latein des Nordens", vor allem in den Küstenländern. Viele verwandte Wörter gibt es z. B. im Englischen, Niederländischen und in den skandinavischen Sprachen. Auch grammatisch gibt es viele Ähnlichkeiten. Und weil ich das alte schwedische Bilderbuch so wunderschön fand, hatte ich plötzlich den Wunsch, es aus dem Schwedischen in meine Heimatsprache zu übertragen.

Zwischen Schlei und Flensburger Förde auf einem Bauernhof aufgewachsen, habe ich als Kind in „Platt gebadet". Denn dort wurde natürlich Platt gesprochen. Und nun kamen in mir wieder die Bilder und der Sprachklang meiner Kindheit durch: *As Oke söss Johr wurrn weer, kreeg he en poor nie'e Skier vun Vadder ... Aver dat duerde soo lang, bit de Winter dit Johr keem! ... Will dat denn dit Johr gor nich Winter warrn? Doch toletzt keem de Winter doch. En poor Weken vör Wiehnachten full de Snee in grote Flocken; un dat snie'e twe hele Daag un Nachten achternanner, so dat allens mit en dicke Sneedeek inmummelt weer ...*

Zurück von meiner Forschungsreise entstand das „*wunnerschöne sweedsche Billerbook – nu op Platt*", wie Heike Thode-Scheeel in den Kieler Nachrichten schrieb: „*Dat dücht meist, as wenn de lütt Oke bi uns* in Sleswig-Holsteen tohuus is un nu op'n Snee töven deit. Man – de Buttjer is in Sweden tohuus un eegens schnackt he sweedsch in dat sööte Billerbook „Olles skidfärd" vun de sweedsche Autorin Elsa Beskow. Aver Margrit Hansen ut Angeln hett em eenfach Platt bi-puult – Hochdüütsch kunn he jo all siet över hunnert Johr … Nu heet dat „Okes Skifohrt" un is op Platt en-fach zuckersööt."

(M. H.:) Ik hev me op dat Book „Hänschen im Blau-beerwald" besunnen. Dat is nämli ok en vun Elsa Bes-kows Böker. Dat kennt meist jedeen Kind ut'e Föfftiger. Jüst so weer dat ok bi mi. Unwiel datt ik düsse Böker so leevt har, bin ick glieks rangahn un hev den Text Platt maakt. De Spraak passt nipp un nau to den fienföhligen Text vun Elsa Beskow un vör allen Dingen to de zorten, pusseligen Teeknungen vun ehr. (…) Un dat passt to Elsa Beskow un ehr Idee, lütte Kinner mit veel Geföhl to ün-nerrichten. Jedeen Kind schull in de Kultur un Kunst in-düükern. Veele Kinnerböker hett se schreven un tomeist ok sölven illustreert. Mit veel Phantasie un Leev to de Kinner. 55 Johr lang schrifft un moolt de plietsche Fru in een Tour. (…) Elsa hett fröh lesen liert un vundor an müss se ehr Broder Hans un ehr Swestern vörlesen. Wat hett se sik över den doren Struwwelpeter argert! De weer denn ok de Grund dorför, datt se sölber Märken schreven un illustreert hett. Dor kümmt miteens all'ns so fien un fee röver, datt een meent, dat höört so.

Dor danzten Elfen, dor weern Trolle un Twargen to-gang un de Deerten un Planten, de kunnen schnacken. Se hett de Welt mit Kinnerogen sehn. Dat weer so'n be-ten spökelig un verdreiht – wiss doch. Liekers kunnen de Lütten en Barg liern över de Natur un de Deerten. Ahn Wiesfinger – dorför mit veel Leev un Phantasie.

So kümmt', datt in' Winter nich blots Snee un Ies un Frost togang sünd, sünnern „Unkel Ruugfrost, König Winter, de ole Dau un Prinzessin Fröhjohr", (...) ut' Sweedsche direkt överdragen. Un wo schöön dat klingen deit op Platt. Dor warrd de Figuren miteens noch lebenniger. Wenn Unkel Ruugfrost de ole Dau mit'n Riesbessen verjaagen deit: „Bist du al wedder dor, hau blots af un ünnerstah di nich un steek dien Nääs wedder hier rin, ehrer dat Fröhjohr kümmt!" Oder wenn he all'ns mit so fein witten Glitter utstaffeern deit. Un to Wiehnachten, dor „höör Oke en Kloppen an'e Schiev, un as he ruut kieken wull, weer de ganze Schiev so todeckt mit schönste Iesblomen, dat he nich'n beten sehn kunn."

Am berühmtesten ist jedoch bis heute „Puttes Äventyr i Blåbärsskogen" (1901). In Schweden und im Ausland ist diese Saga zu einem lebendigen Klassiker geworden. Elsa Beskows Bücher wurden bereits in 19 Sprachen übersetzt – nun wurde es die 20.: Plattdeutsch!

„Lütt Lasse maakt sik op in't Holt, denn he hett sik wat utdacht: He will dor Bickbeeren för sein Mudder plöcken. He finnt aver keeneen Beer un sett sik bedrüppelt op en Boomstump dal. Dor let sik miteens een lütten Keerl sehn, dat is de Bickbeerkönig. De trööst em un let em schrumpen, un nu is he akkeraat so lütt as de Kattekers, de nu de bannig groten Körv för em drägen. Lasse belevt nu Eventüren in't Bickbeerland. He dröppt lütte Jungs un Deerns, de em bi't Plöcken helpen. He probeert de Kroonsberen und speelt mit de Kinner. Toletzt mutt he doch torüch. In suusende Fohrt trecken veer Müüs en holten Waag mit Lasse un sien Körv afsteed. Un denn sitt he wedder op den Stump vun den Boom un meent: „Ik heff wiss dröömt." Man de Körv sind vull mit Beeren!

Eine Sage für Kinder, verlegt im Fernseh- und Tablet-Zeitalter, das hört sich ziemlich märchenhaft an. Dazu die Idee, ein vor mehr als einhundert Jahren geschriebenes Kinderbuch neu aufzulegen, nicht in seiner ursprünglichen Sprache, sondern vielmehr (und spannend) in Plattdeutsch, ein abenteuerlicher Traum von einer bemoosten Waldlichtung und einer blühenden Frühsommerwiese.

Ich liebe Beskows Bücher im Klang meiner Kindheit!

Ursula Wedler

Mit einem Bilderbuch fängt es an ...

Manche Menschen erinnern sich noch sehr genau an ihr erstes Bilderbuch – mit stabilen Seiten aus Pappe für den noch etwas grobmotorischen Umgang eines Kleinkindes damit. Große, farbige Bilder mit Gegenständen aus der Umwelt der Kinder brachten sie zur Freude der Eltern dazu, die Dinge zu benennen, immer neue Wörter zu lernen und so die Umwelt zu erfahren. In einigen Familien wird das erste ziemlich „zerlesene" Bilderbuch der Kinder – trotz oder gerade wegen seiner deutlichen Gebrauchsspuren – sehr geschätzt und an die Nachkommen vererbt. Auch ich werde ein Buch mit den „Schönsten Wiegenliedern", ein Geschenk meiner Großeltern zu meiner Geburt, weiterreichen.

Später folgten dann in unserer Familie Bücher mit sehr detaillierten Darstellungen zum Suchen und Entdecken. Der „Erfinder" dieser wunderbaren „Wimmelbücher", Ali Mitgutsch, starb 2022 im Alter von 86 Jahren. Das erste Buch dieser Reihe, „Rundherum in meiner Stadt", erschienen 1968, erhielt bereits ein Jahr später den Bilderbuchpreis 1969 und wurde mehrfach neu aufgelegt. Weitere Bücher folgten: „Bei uns im Dorf", „Komm mit uns ans Wasser" und „Das Riesenbilderbuch". Alle wurden sehr schnell zu Lieblingen bei Kindern und Erwachsenen. Das „Riesenbilderbuch" fehlt in fast keinem

Kindergarten. Was ist anders an diesen Büchern, und warum wurden sie so schnell so beliebt?

Der Autor verzichtet völlig auf Text. Man muss sich also nicht erst hineinlesen, sondern kann sofort auf den detailreichen Illustrationen immer wieder Neues entdecken, erzählen, was dort gerade geschieht, sich überlegen, was die Menschen wohl denken oder sagen. Allein, zu zweit oder beim „Riesenbilderbuch" in ganzen Gruppen sitzen Kinder und Erwachsene über die Seiten gebeugt, fragen sich vielleicht, wo auf dem Bild sie selbst dabei sein möchten, wenn es möglich wäre, und was sie an dieser Szene so reizt.

Dabei gibt es häufig etwas zu lachen: Auf einem Bild mit einem Hauslängsschnitt, sodass man in alle Etagen gucken kann, amüsierten sich mein Sohn und später meine Enkel besonders über drei sich prügelnde Jungen im Treppenhaus und die Frau, die erbost über den Lärm mit dem Besen gegen die Decke klopft. Auf einem anderen Bild lachten sie über einen Schiffskoch, der seine Abfälle einfach über Bord ins Hafenbecken entsorgt und dafür heftig kritisiert wird – ein vorbeifahrender Schiffsführer tippt sich wütend an die Stirn –, und viele kleine Szenen mehr.

„Guck mal, hast du das schon gesehen …?", fragen sich die Betrachter gegenseitig und finden immer noch etwas Merkwürdiges, etwas Empörendes oder Lustiges bei den vielen kleinen Einzelszenen, die der Autor darstellt. Es macht einfach Spaß, sie zu entdecken!

Wie schön, wenn Eltern, Großeltern oder ältere Geschwister sich die Zeit nehmen können, den Kindern vorzulesen und dabei gemeinsam einzutauchen in die faszinierende Welt der Märchen und Sagen! Auch eigene Erlebnisse der Älteren können Kinder fesseln: „Oma/Opa, erzähl doch mal, wie ihr damals …!" Unser Großvater war ein wunderbarer Vorleser und Erzähler, wenn auch manche Details in seinen Darstellungen sich beim genaueren Nachfragen als ein wenig „geschönt" herausstellten, worüber wir immer sehr lachten, wenn er schließlich doch bei der Wahrheit blieb.

Am Ende des ersten Schuljahres schaffen es die meisten Kinder, einfache kurze Texte zu lesen und den Inhalt zu erfassen. Zusätzliche Fotos oder Zeichnungen können beim Verstehen helfen. Die Kinder bemerken ihre Lesefortschritte und freuen sich über das Lob der Zuhörer. Beratung und Hilfe bei der großen Auswahl an Lesestoff erleichtert es den Kindern, das zu finden, was sie mit Freude lesen möchten, ob in Schulbüchereien, Stadt- und Fahrbüchereien oder Buchhandlungen. Manchmal ist aber der Buchtipp eines gleichaltrigen Freundes sogar besser.

Während frühere Generationen als Jugendliche sich in die aufregenden Abenteuer von „Winnetou" und „Old Shatterhand" vertieften oder sich mit „Nesthäkchen" und „Trotzkopf" in ihrer „Backfischzeit" verbunden fühlten, waren später mit einem geänderten Frauenbild natürlich ganz andere Bücher gefragt.

Als dann aber Astrid Lindgrens „Pippi Langstrumpf" die Welt buchstäblich auf den Kopf stellte, fragten sich manche Eltern besorgt, ob derartige Literatur nicht ihren Bemühungen um eine „gute Erziehung" ihrer Kinder mit „korrektem Verhalten in der Gesellschaft" schaden könnte. Die Sorge erwies sich als unnötig – im Gegenteil, die Werke von Astrid Lindgren wurden zu vielfach ausgezeichneten Bestsellern der Kinder- und Jugendliteratur.

Manches ursprünglich für Kinder geschriebene Werk wurde sehr bald bei vielen Erwachsenen ebenso beliebt: „Frederick" von Leo Lionni, ausgezeichnet mit dem deutschen Bilderbuchpreis, gehört für mich dazu. Das wunderschön illustrierte Buch des amerikanischen Grafikers, Malers und Schriftstellers Lionni ist genauso ein Buch für Erwachsene, meine ich. In der Erzählung um eine Mäusefamilie schafft es die kleine Maus Frederick, ihre Lieben auch an trüben Wintertagen durch die Erinnerung an schöne Zeiten wieder fröhlich zu machen. Frederick hat, als alle anderen Mäuse Wintervorräte sammelten und speicherten, nur scheinbar untätig zugeschaut; denn seine Vorräte für die kommenden tristen Wochen sind „gesammelte" Sonnenstrahlen, Farben und Wörter. Eine schöne Vorstellung, finde ich.

Wie wird es weitergehen mit „dem Buch" im Allgemeinen und dem Kinderbuch im Besonderen? Werden Computerspiele bei Kindern und Jugendlichen so beliebt, dass Bücher für sie keine Rolle mehr spielen? Wie kann das Buch nicht nur seinen Platz im Bücherregal behalten, sondern auch gelesen werden? Leben wir Erwachsenen den Kindern die Freude am Lesen vor?

Autorenverzeichnis

Reinhold Albert, geboren 1953 in Sternberg / Unterfranken, Polizeihauptkommissar, Kreisarchivar und Kreisheimatpfleger in Rhön-Grabfeld, Verfasser heimatgeschichtlicher Bücher

Petra Baruschke, geboren 1960 in Dresden, Studium der Sprachwissenschaften, Dolmetscherin, Übersetzerin, Mitarbeiterin der Eckernförder Zeitung, liebt Literatur, Geschichte, Geografie, Handarbeiten, Haustiere, Garten, lebt in Eckernförde

Albrecht Bedal, geboren 1947, aufgewachsen in Hof / Saale, Studium der Architektur, Regierungsbaumeister, freier Architekt, Leiter des „Hohenloher Freilandmuseum", Berater bayerischer Städte, viele Veröffentlichungen

Giselheid Bernhard, geboren 1936 in Wiesbaden, Reisebürokauffrau, engagiert sich ehrenamtlich, bastelt und schreibt gern, betreibt Familienforschung, lebt in Eckernförde

Rainer Beuthel, geboren 1950 in Köln, Buchhändler, Bibliothekar, verschiedene Veröffentlichungen, lebt in Eckernförde

Dr. Falk Buettner, geboren 1943 in Berlin-Spandau, Studium der Medizin, Hausarzt in Eckernförde, verschiedene ehrenamtliche Tätigkeiten, sportlich aktiv, lebt in Eckernförde

Elisabeth Caesar, geboren 1952 in Halle / Saale, Studium der Theologie, Pastorin, engagiert sich in sozialen Einrichtungen, liebt Literatur, Musik, Natur, lebt in Glücksburg

Gertrud Conrad, geboren 1932 in Immenbeck, Landwirtschaftsschule, Tätigkeiten in Gutshöfen und Großküchen, Veröffentlichung authentischer Geschichten und Kinderbücher, lebt in Eckernförde

Gisa Ehrlich, geboren 1948 in Eckernförde, längere Auslandsaufenthalte im südlichen Afrika, den Niederlanden und Großbritannien, lebt in Eckernförde

Hans-Jürgen Flamm, geboren 1943 in Selbitz, Schriftsetzer, 25 Jahre Redakteur für Kunst und Antiquitäten, lebt in Schwäbisch Hall

Dr. Margrit Hansen, Lehramtsstudium, Lehrerin, Studium der Erziehungswissenschaften, Dozentin, Mitarbeit an erziehungswissenschaftlichen Zeitschriften, lebt in Schleswig-Holstein

Dr. Klaus Herrmann, geboren 1947 in Koblenz, Studium der Wirtschaftswissenschaften, Direktor des Deutschen Landwirtschaftsmuseum in Stuttgart-Hohenheim, lebt in Leinfelden

Bärbel Hoffmann, geboren 1946 in Eckernförde, Bankkauffrau, schreibt für Zeitungen und Vereine, fotografiert und liest gern, lebt in Eckernförde

Dr. Gundula Hubrich-Messow, geboren 1944 in Strega / Niederlausitz, Studium der Germanistik, Romanistik und Sprachwissenschaften, Auslandsaufenthalte in Norwegen und USA, Erzählforscherin, Veröffentlichung vieler Sammlungen mit Märchen und Sagen, lebt in Sterup / Angeln

Dr. Beate Kennedy, geboren 1962 in Dortmund, Studium Lehramt an Gymnasien, Dissertation „Irmgard Keun – Zeit und Zitat", unterrichtet am RBZ Wirtschaft Kiel, Kreisfachberaterin für kulturelle Bildung in

Kiel, Vorsitzende der Wilhelm-Lehmann-Gesellschaft, lebt in Windeby bei Eckernförde

Rudolf Klinge, geboren 1935 in Naumburg/Saale, Ausbildung zum Großhandelskaufmann und gehobenen Zolldienst, Leiter des Zollamts in Eckernförde, malt und schreibt gern, lebt in Eckernförde

Jutta Kürtz, geboren 1941 in Stettin, Journalistin, Sachbuchautorin, Leitung der „TextProjekt"-Agentur, Veröffentlichung vieler Bücher und Artikel in Zeitungen und Magazinen, ehrenamtlich engagiert, lebt in Kiel

Käthe Löser-Brookmann, geboren 1949 in Gera/Thüringen, Ing.-Ass. der Nachrichtentechnik, schreibt gern, lebt in Eckernförde

Annke Malcha, geboren 1940 in Nordfriesland, Studium der Pädagogik, Grund- und Hauptschullehrerin, engagiert sich ehrenamtlich, lebt in Langenhorn

Dr. Heinrich Mehl, geboren 1941 in Breslau, Studium der Germanistik, Anglistik und Kulturwissenschaften, Promotion in Volkskunde, DAAD-Lektor in Monrovia/Liberia und Kumamoto/Japan, Arbeit an Museen in Bayern und Schleswig-Holstein, lebt in Eckernförde

Dr. Claudia Naumann-Unverhau, geboren 1954 in Affalterbach/Baden-Württemberg, aufgewachsen in Rom und Istanbul, Deutsch-, Geschichts- und Orientalistik-Studium, Forschungsaufenthalt in Venedig, Gymnasiallehrerin, lebt in Rendsburg

Ursula Panzer, geboren 1942 in Breslau, Studium der Germanistik und Romanistik, Studienrätin, lebt in Mainz

Ralf Rahier, geboren 1948 in Mülheim/Ruhr, Pädagogik-Studium, Arbeit an einer Gesamtschule mit

Schwerpunkt Figurentheater, Leiter des „Figurenmuseum – Natur & Kultur", lebt in Eckernförde

Ingrid Rathje-Kohn, geboren 1943 in Missunde, Ausbildung zur Kindergärtnerin, Arbeit im dänischen Kindergarten Eckernförde, schreibt Gedichte, fotografiert gern, lebt in Eckernförde

Gerd Schäfersküpper, geboren 1949 in Essen, Beruf in der Transportversicherung, liebt Literatur, Mystik, kunstinteressiert, reist gern, liebt die See, lebt in Eckernförde

Ullrich Schiller, geboren 1956 in Hamburg, Studium der Theologie und Philosophie, Studium Kommunikationswirt und Fundraising, Pastor, Religionslehrer, Schwerpunkte Thanatologie und Mystik, lebt in Eckernförde

Angelika Schwarz, geboren 1957 in Kiel, Leiterin einer logopädischen Praxis, Ausbildung zur Märchenerzählerin, aktiv bei den „Märchentagen", lebt in Kiel

Karl Heinrich von Stülpnagel, geboren 1960 in Hannover, Tischlerausbildung, Restaurator im Ägyptischen Museums der Universität Leipzig, verfasst Monographien und Aufsätze zu Möbeln, lebt in Leipzig

Werner Tippel, geboren 1950 in Kiel, Buchdruckerlehre, Wehrdienst, Arbeit als Buchdrucker, Studium der Betriebswirtschaft, kaufmännische Tätigkeit, lebt in Eckernförde

Helga Trabandt, geboren 1944 in Neumünster, Studium der Erziehungswissenschaft, Psychologie und Soziologie, Ausbildung zur Psychotherapeutin, eigene Praxis für Psychotherapie und Erziehungsberatung, lebt in Eckernförde

Ursula Wedler, geboren 1940 in Königsberg/Preußen, Studium der Pädagogik, Grund- und Hauptschullehrerin, Studienleiterin, ehrenamtlich tätig, schreibt gern, lebt in Eckernförde

Dr. Gustav Winkler, geboren 1940 in Augsburg, Maschinenbauer, Professor an der Fachhochschule Flensburg, Erfinder des Gegenwindfahrrades, lebt in Flensburg

Wir danken Bärbel Hoffmann für die Durchsicht vieler Texte.

Den Autorinnen und Autoren aus ganz verschiedenen Berufen danken wir sehr für ihre Beiträge. Sie geben einen Einblick, welche Bücher ihnen aus welchen Gründen wertvoll sind, eben Bücher, die sie „lieben".